Meyer
Abschied von der Deutschen Mark

Werner Meyer

ABSCHIED VON DER DEUTSCHEN MARK

Die Geschichte unserer Währung

Patmos Verlag Düsseldorf

Die Deutsche Bibliothek – CIP-Einheitsaufnahme

Meyer, Werner:
Abschied von der Deutschen Mark :
die Geschichte unserer Währung / Werner Meyer. –
1. Aufl. – Düsseldorf : Patmos-Verl., 1998
ISBN 3-491-72393-0

1. Auflage 1998
Umschlagbild: SV-Bilderdienst
Typoskript: Martin Günther, Paderborn
Druck und Bindung: Wiener Verlag, Himberg
ISBN 3-491-72393-0

Inhalt

Vorwort
Geheimsache DM
Die abenteuerliche Geschichte unserer Währung 9

I
Wie alles anfing
Zukunftsträume in der Bombennacht 13
Ein paar fehlende Hemdknöpfe und Ludwig Erhards Denkschrift zur Währungsreform aus dem Jahre 1943. Wurde das Wort „Soziale Marktwirtschaft“ im Reichswirtschaftsministerium erfunden?

Daten, Zahlen: Die Mark auf der Waage... 27

II
Als wir alle hungrig waren...
Die letzten Tage der Reichsmark 28
1948: Erste Nachkriegsjahre. Als wir alle Hunger hatten. Schwarzmarkt-Geschichten. Szenen aus Deutschland. Ausmaß der Zerstörung. Durchschnitts-Deutsche: 12 Pfund Untergewicht. War alles so schlimm, wie es aussah? Mr. Tenenbaum ist anderer Meinung.

Daten, Zahlen: Aus dem „Hausschatz“: Beefsteak anno 1947 47

III
Der geheimnisvolle Mr. Tenenbaum
...und das schicksalhafte Wort Hühnerfutter 49
Der geheimnisvolle Mr. Tenenbaum. Was wußte er, was tat er? Wie Ludwig Erhard zu seiner großen Chance kam: Sein Vorgänger Johannes Semler nann-

te amerikanische Hilfslieferungen Chickenfeed – „Hühnerfutter". Er wurde gefeuert.

Daten, Zahlen: Im Irrgarten der Zwangswirtschaft / Frühling 1948 – in Gramm und Kalorien 61

IV
Aktion „Vogelhund"
Tausend Tonnen Geld kommen übers Meer 62
400 Pläne zur Währungsreform. Gegner unter den Alliierten. Die Ansichten der Deutschen. Edward Tenenbaum läßt das neue deutsche Geld drucken. 1030 Tonnen. Wie wird das Geld heißen? Gulden oder Batzen? Das wird vorgeschlagen. Zitate aus Tenenbaums unveröffentlichten Erinnerungen.

Daten, Zahlen: 50 Milliarden kreisen... 76

V
Das Konklave von Rothwesten
49 Tage auf dem Dachboden 77
Vorbereitungen zur Währungsreform. Deutsche Wirtschafts-Experten werden in Rothwesten eingesperrt. Sie sollen ganz geheim den Ablauf der Währungsreform vorbereiten. Erinnerungen von Teilnehmern. Streit um Kopfsalat.

Daten, Zahlen: Tenenbaum verdient ein Denkmal / Haus „Posen" – jetzt ein Museum 90

VI
Die große Debatte in Frankfurt
„Einen kranken Mann ins kalte Wasser schmeißen..." 91
Debatte im Wirtschaftsrat bis 4.15 Uhr morgens. Ermächtigungsgesetz für Erhard? Die Währungsreform

wird verkündet. Die letzten Stunden der alten Mark. Hamstern. Besser ein alter Papierkorb als ein schlechter Fünfzigmarkschein. Haarschneiden auf Vorrat. Das neue Geld.

Daten, Zahlen: Alle vom gleichen Jahrgang... 106

VII
Das Wunder der Stunde X
Volle Schaufenster, leere Geldbeutel 107
Währungsreform West. Kopfgeld für alle. Vorschriften. Wie sich die Schaufenster über Nacht füllten. Warum Helmut Schmidt wieder zu rauchen anfing. Was sich Hildegard Hamm-Brücher kaufte. Erhard hebt die Vorschriften zur Bewirtschaftung auf. Was sagt General Clay dazu?

Daten, Zahlen: Das Ende der Schlange 123

VIII
Währungskrise in Berlin
„Der Insulaner verliert die Ruhe nich...“ 125
Währungsreform Ost. Jetzt beginnt die deutsche Spaltung. Unterlagen aus Ost-Berlin. Notizen Piecks. Kriegsgefahr. Luftbrücke. Interview mit dem ersten Piloten Bennett.

Daten, Zahlen: Gegen Hunger, Armut, Verzweiflung und Chaos 145

IX
Jetzt werden die Käufer wütend
Eier-Krieg und die Krise der Mark 146
Folgen der Reform. Eierkrieg. Rebellion am Wochenmarkt. Mißtrauensantrag gegen Erhard. Krise im Oktober 48. Erhard verkündet ein unglaubliches

Ziel: „Wohlstand für alle“. Wie der Begriff „Soziale Marktwirtschaft“ entstand.

Daten, Zahlen: 260 Millarden werden Altpapier... 158

X
Frankfurt — die Zentrale des neuen Geldes
Wie der Euro zu seinem Namen kam... 159
Kaiserstraße in Frankfurt: Der Euro-Tower. Geldpolitik für elf Staaten. Stimmen aus dem Ausland. „Willkommen im Euroland!“ Bundesfinanzminister Waigels Einfall: Warum das neue Geld nicht Ecu heißt...

Daten, Zahlen: Der neue Chef im Euro-Tower 169

Mini-Lexikon mit Kurzbiographien 170

Das sind die Quellen 174

Geheimsache DM
Die abenteuerliche Geschichte unserer Währung

Viel war damals geheim, als die Deutsche Mark im Jahr 1948 geboren wurde. Viel wurde vergessen, sogar von der Fachwelt. Wer hat schon die Denkschrift gelesen, die Ludwig Erhard noch im Krieg über die notwendige Währungsreform geschrieben hatte und die seine Freunde schaudern machte? Und dann, später: Da war doch ein geheimnisvoller Mr. Tenenbaum, der eine große Rolle spielte und dem Helmut Schmidt ein Denkmal setzen würde. Wer war der Mann? Immer wieder fällt das Stichwort „Konklave Rothwesten". Was ist dort geschehen?
„Top secret" stand auf vielen Akten der Amerikaner. Zum Beispiel auf den Papieren des amerikanischen Generals und Militärgouverneurs Lucius D. Clay, in denen nachzulesen ist, warum er einen kompetenten Politiker wegen des Wortes Hühnerfutter feuerte. Und daß die Amerikaner in der Zeit der Berlin-Krise, die wegen der Währungsreform ausbrach, notfalls an den Rückzug an den Rhein dachten. Die Geheimaktion des Transportes der neuen Deutschen Mark aus Amerika nach Deutschland trug übrigens den Decknamen „Birddog", was mit Vogelhund schlecht übersetzt ist. Was war damit gemeint?
Bei der Suche nach Material aus erster Hand hat der Autor viele Überraschungen erlebt. Einige Seiten der Notizen für dieses Buch entstanden an jenem Konferenztisch in Rothwesten bei Kassel, wo die Ausführungsbestimmungen für die Währungsreform formuliert wurden. Der Tisch ist erhalten geblieben — heute ein Museumsstück. Viel Wissen stammt aus Kansas/USA, aus der Truman-Library. Dort stieß der Autor auf die Berichte des Mr. Tenenbaum, der Zugang zu höchsten Stellen der Besatzungsmacht hatte, der

ebenso das Vertrauen der Deutschen errang und der seine Erinnerungen sehr präzise zu Papier brachte. Die Reise in die Vergangenheit der Deutschen Mark führte weiter in die einstige Königlich Preußische Kadettenanstalt von Berlin-Lichterfelde. Denn dort ist nun das Bundesarchiv untergebracht, dort liegen Akten der sowjetischen Besatzungszone aus der Zeit der Währungsreform, darunter handschriftliche Notizen der SED-Chefs Pieck und Grothewohl und von Walter Ulbricht. Alles früher sehr geheim.

Als es nichts mehr zu verschweigen gab, blieb vieles vergessen in den Archiven liegen. Es gibt also noch einiges, gebrauchen wir ruhig dieses so unseriös klingende Wort, zu enthüllen. Wenn wir nun die alten Akten aufschlagen, dann rutschen wir hinein in eine Zeit, die allen, die nach 1945 geboren sind, sehr fremd ist. Eine wilde, schmerzhaft arme, doch hoffnungsvolle Zeit. Denn es ging aufwärts. Die neue Währung brachte 1948 Wohlstand, aber sie zerschnitt Deutschland, sie war die erste Mauer zwischen den deutschen Staaten. Berlin wurde erst einmal zu einer Insel des Elends. Unvergessen die Luftbrücke, die von den Amerikanern zur Versorgung der Berliner eingerichtet wurde. Der erste Pilot, der damals startete, lebt noch immer in Berlin.

Im Westen wuchs mit dem Wert der Mark das Selbstbewußtsein bis zum Gipfelpunkt: Wir sind wieder wer! Den angstvollen vierziger Jahren folgten die flotten Fünfziger: Die Chronik der Ereignisse wird zum Psychogramm der Zeit. Die Mark als Barometer der Wirtschaftskraft und unseres Selbstgefühls. Die aufregende Geschichte der Mark zeigt uns vergessene Fakten – aber auch Gefühle, Hoffnungen, Trends, Strömungen der Zeit. Statistiken sind wichtig. Aber man muß genau so die Chansons hören aus jener Zeit.

Schon die Wörter von damals machen schroffe Gegensätze der Generationen sichtbar. Trümmerfrauen. Normalverbraucher. Lebensmittelkarten-Zuteilungsperiode. Bizone. Militärgouverneur. Das Vokabular eines besiegten Landes. Viele Wörter sind heute völlig aus dem Sprachschatz verschwunden. Zum Beispiel fringsen, ein anderes Wort für stehlen.

Umgekehrt: Konsumterror, Konsumzwang, Konsumverzicht — 1948 waren das absolut unvorstellbare Worte. Damals verlangten die Deutschen nichts als Konsumfreiheit. Sie bewunderten einen Politiker, der „Wohlstand für alle" versprach. Und der so aussah, wie man sich Wohlstand vorstellte: Pausbäckig, ja rundlich, Optimismus ausstrahlend, immer Zigarren qualmend. „Damit der Schornstein raucht", das wird heute nicht mehr verstanden. Wenn der Schornstein raucht... Das bedeutete in der Sicht von 1948: Das Leben geht weiter, die Fabriken arbeiten wieder, und zu Hause haben wir einen warmen Ofen. Und heute? Rauchende Schornsteine sind ein Zeichen übler Umweltverschmutzung, ein Ärgernis, manchmal sogar schon eine Straftat. Wirtschaftswunder, Wiederaufbau, Freßwelle, Fräuleinwunder: Auch das gehört zur bunten Nachkriegsgeschichte der DM.

Das Buch sammelt Dokumente und faßt dazu Gespräche mit wichtigen Zeitgenossen zusammen, die hautnah die Währungsreform miterlebten — Interviews, über viele Jahre verteilt. Die Quellen sind im Anhang genau aufgelistet. Allen ist hier Dank zu sagen: Dank für die Geduld und die Mühe, mit der sie dem Autor beim Einstieg in die Vergangenheit halfen.

Mit der DM begann das sogenannte Wirtschaftswunder. Nein, ein neues Wirtschaftswunder erwartet heute wohl keiner. 1948 war man sicher: Es kann doch nur besser werden. Wer wagt das in unserer Zeit zu denken? Die Angst vor der Zukunft erklärt es, warum viele dem Euro skeptisch entgegensehen. Wenn wir nun seine Geschichte verfolgen, und das geschieht im letzten Kapitel dieses Buches, entdecken wir wieder eine ganz andere Welt, die ebenfalls für die meisten sehr fern und unbekannt ist. Die Welt der Eurokratie, der Verwaltung unserer neuen Währung. Eine Welt der Zukunft.

Wie alles anfing

Zukunftsträume in der Bombennacht

Wir dürfen von zwei abgerissenen Perlmuttknöpfen berichten. 1944 war's. Sie fehlten am Hemd von Ludwig Erhard. Dadurch wurde offenbar, daß er schon im Krieg, in einer Zeit der Hoffnungslosigkeit, an die Zukunft der deutschen Mark dachte.

1944. Weltkrieg. Eine Oktobernacht in Berlin. Noch herrschte Hitler. Joseph Goebbels, sein Propagandachef, hatte den totalen Krieg ausgerufen. Die Bombenangriffe wurden immer heftiger. Allein im Oktober 26mal Fliegeralarm in Berlin. Weltuntergangsstimmung.

In jener Nacht setzten sich einige Herren zusammen und pokulierten, wie sie es nannten. Ein Luftangriff war gerade vorüber, und sie tranken, so weit man weiß, gute, ja erlesene Weine — unter anderem mit dem Vorsatz, den Keller zu leeren, bevor die russischen Truppen kämen.

Man muß die Lage kennen, um die Stimmung verstehen zu können. Weltkrieg, das bedeutete: Deutschland befand sich im Oktober 1944 mit vierzig Staaten im Kriegszustand — 13 Kriegserklärungen würden noch folgen. „Räder müssen rollen für den Sieg", las man in den Zeitungen, als immer wiederkehrende Propaganda-Floskel.

Künftig sollte der totale Krieg noch totaler werden. Am 12. Oktober 1944 schrieb die junge Journalistin Ursula von Kardorff in ihr Tagebuch: „Jetzt sind schon die Sechzehnjährigen zum Militär einberufen." Hitler hatte die Gründung des Volkssturms befohlen. Halbe Kinder und alte Männer sollen die Truppen verstärken. Schon wurde auf deutschem Boden gekämpft. „Die schwere Materialschlacht um Aachen hat sich gestern zu einem neuen Höhepunkt

gesteigert", meldete der Wehrmachtsbericht am 17. Oktober 1944.
Auch die sowjetischen Truppen rückten immer näher. Sie haben bereits, laut Wehrmachtsbericht vom gleichen Tag, „an einer Stelle die ostpreußische Grenze erreicht".
Wehrmachtsbericht. Vollalarm. Christbaum. KZ. Gauleiter. Gestapo. Verdunklung. Volksgerichtshof. Volkssturm. Das waren 1944 Alltagswörter. Vorwarnung kündigte den Anflug von Bombern an. Vollalarm warnte: Mit einem Luftangriff war sofort zu rechnen. Christbaum nannte man die Leuchtkugel-Bündel, mit denen die Bomber ihr Ziel markierten. Gestapo, das war die Geheime Staatspolizei. Jeden Tag Verhaftungen und immer neue Hinrichtungen nach dem Attentat vom 20. Juli 1944 auf Hitler. Die Deutschen hatten Angst nicht nur vor Bomben. Es gab zu viele Denunzianten. Offen wagte man nur im kleinsten Kreise guter Freunde zu sprechen. Ein paar falsche Worte genügten zur Verhaftung, zur Anklage wegen Defätismus. Oder Wehrkraftzersetzung. Das konnte tödliche Folgen haben, wenn einer zu sagen wagte: Der Krieg ist verloren. Besser, man schwieg und tat, was ein Plakat und viele Anzeigen in den Zeitungen rieten. Sie zeigten eine schattenhafte Männersilhouette mit der Unterschrift: „Vorsicht, Feind hört mit!" Jetzt hieß die Devise: Kopf einziehen, mit viel Glück überleben — die Bombenangriffe, die bevorstehende Artilleriebeschießung, den Terror der Hitler-Herrschaft.
Die pokulierenden Herren, von denen wir berichten, sahen das Unheil kommen. Einer von ihnen war Theodor Eschenburg, Historiker, Staatsrechtler, Dr. phil. Sie trafen sich im Hause von Karl Guth, dem Hauptgeschäftsführer der „Reichsgruppe Industrie", einer Vorgängerin des Bundesverbands der Industrie. Guth war ein Schwager von Ludwig Erhard, der sich im Krieg als Industrieforscher durchs Leben schlug. Auch Erhard stieß zu der Herren-

Berlin 1944, am Ende des Krieges. Eine Ruinenstadt. Rauch hängt in der Luft. Eine Welt der Hoffnungslosigkeit.
Foto: Hilmar Pabel / Bildarchiv Preußischer Kulturbesitz.

runde im Oktober 1944. Ort der Handlung: Böckel-Weg in Berlin, Zehlendorf-West.
Eschenburg erzählt in Büchern und Gesprächen: „Erhard saß neben mir. Man sah, an seinem Oberhemd waren zwei Perlmuttknöpfe abgerissen. Auch sie, koch- und bügelfest, gehörten zur Mangelware. Die Fäden hingen noch an den Knopflöchern. Ich war damals Syndikus der Knopfindustrie. Aus meinem Zimmer holte ich eine Dutzendkarte mit Perlmuttknöpfen und gab sie ihm. Darauf griff Erhard in seine große, unförmige, wegen starker Abnutzung kaum mehr im Farbton zu erkennende Aktentasche. Sie führte er ständig bei sich, wohl auch, weil in ihr seine Zigarren lagen, von denen er eine nach der anderen rauchte. Man sah in der Tasche eine große Anzahl vervielfältigter Texte, etwa dreißig. Ein Exemplar gab er mir gleichsam als Gegengabe. Die Arbeit wäre von ihm. Aber was das Thema war, sagte er nicht. Er gab mir den Text ohne jegliche Vorbehalte oder Auflagen, wie die, sie niemandem anderen zu zeigen oder mit anderen darüber zu reden."
Die Herren also tranken. „Als ich gegen zwei Uhr nachts mit leicht schwindligem Kopf auf dem Bettrand saß, hatte ich keine Lust mehr zum Lesen." Irgendwie war Eschenburg mißtrauisch geworden. Sie hatten vieles gesagt, was in der Hitler-Zeit den Kopf kosten konnte. Steckte davon etwas in dem Papier? Eschenburg erinnert sich genau an seine Gedanken: „Sollte ich das Manuskript ungelesen zerreißen? Das würde auch bei einer Hausdurchsuchung entdeckt werden können. Außerdem könnte mich Erhard nach meiner Meinung fragen." Widerwillig begann Eschenburg zu lesen.
„In den ersten Sätzen stand nach meiner Erinnerung ungefähr: Nachdem einwandfrei feststehe, daß Deutschland den Krieg verloren hätte, wäre die dringende Aufgabe, die Reform seiner Währung vorzubereiten."

Schon der Besitz eines solchen Textes war gefährlich. Eschenburg: „Wie konnte einer, nach dem, was wir nach dem 20. Juli erlebt hatten, es überhaupt noch wagen, so etwas niederzuschreiben, einer anderen Person in die Maschine zu diktieren und vervielfältigen zu lassen? ... Das war in jener Nacht schon eine gespenstige, angst- und bewunderungserregende Stunde. Aber zunächst hatte ich mehr Angst als Bewunderung."

Er stand wieder auf, klopfte Ludwig Erhard mühsam aus dem Schlaf. „Nicht eine Stunde länger wollte ich die Schrift in meinem Zimmer haben." Erhard knurrte nur: „Und deswegen wecken Sie mich?"

Wer war dieser Erhard? Woher er kam, verriet seine fränkische, die harten Konsonanten abschleifende Sprachfärbung, die er sein Leben lang nie verlor. Er war in Fürth als Sohn eines Textilkaufmanns geboren worden und hatte eine Kinderlähmung überstanden. Durch einen verformten Fuß ließ er sich nicht behindern. Er brachte eine Lehre als Einzelhandelskaufmann hinter sich, wurde Artillerist im Ersten Weltkrieg, überlebte Fleckfieber, eine schwere Schulterverwundung. Er studierte an der neugegründeten Handelshochschule in Erlangen-Nürnberg. 1928 wurde er — dann schon mit dem Doktortitel — Assistent eines „Instituts für Wirtschaftsbeobachtung der Fertigware". Er trat keiner Organisation der Nazis bei, hatte keine Aussicht auf Karriere, gründete schließlich 1942 ein selbständiges „Institut für Industrieforschung" mit dem Sitz in Berlin. 1944 suchte er sich, sicherlich wegen der häufiger werdenden Luftangriffe auf die Reichshauptstadt, ein Ausweichquartier in Bayreuth. Dort war er seit dem 1.8.1944 polizeilich gemeldet.

Der Oberbürgermeister jener Zeit — Dr. Fritz Kempfler, nach dem Krieg Bundestagsabgeordneter der CSU — erinnerte sich gerne daran, wie eines Tages ein Herr mit auffallend gelben Handschuhen in sein Amtszimmer trat und um Räume für sein Institut bat. Erhard fand eine Wohnung in der Bürgerreuther Straße 23, jener Allee, durch die in guten Tagen die Wagen zum Festspielhaus Richard Wagners rollen. Das Mädchen Gertraude, das ihm manchmal Tee ins Zimmer brachte, wird Erhard ein Leben lang als angenehme Untermieterin in Erinnerung behalten.

„Geburtsurkunde der sozialen Marktwirtschaft"

Wir dürfen unterstellen, daß Erhard dort in der Bürgerreuther Straße darüber nachdachte, worüber er häufig nachdachte: über die Finanzen des Reichs nach dem Krieg. Die Kurzfassung der Denkschrift, die Eschenburg so aufregte, ist verloren, eine ausführliche Fassung — etwas vorsichtiger wahrscheinlich in der Sprache als das Exposé — blieb erhalten. Der „Spiegel" würde sie Jahrzehnte danach als „Geburtsurkunde der Sozialen Marktwirtschaft" feiern.

Staatliche Lenkungs-Maßnahmen seien nur für eine Übergangszeit unumgänglich, schrieb Erhard 1943. „... aber das erstrebenswerte Ziel bleibt in jedem Falle die freie, auf echtem Leistungswettbewerb beruhende Marktwirtschaft mit den jener Wirtschaft immanenten Regulativen." Freie Marktwirtschaft! Wörtlich steht dies in der Denkschrift. Niedergeschrieben in einer Zeit staatlicher Allmacht, in der Hitler und der Krieg das Leben bestimmten, in der es ganz selbstverständlich geworden war, daß der Staat das gesamte wirtschaftliche Geschehen „lenkte", wie offiziell gesagt wurde. Hitler verlangte von der Reichsbank Geld ohne Rücksicht auf seine Herkunft. Alles, alles war auf den Krieg abgestellt. Schon die Kinder lernten. „Du bist nichts, dein Volk ist alles." Erhard dagegen sprach in der Denkschrift auch von Lastenausgleich und Geldabwertung. Er wagte den Satz: „Immer erweist sich der Krieg, und insbesondere der totale Krieg, als ein Feind der freien und privaten Wirtschaft." Er spürte auch schon die Notwendigkeit „einer sozialwirtschaftlich gerechteren Umlegung der dem Volk bereits während des Krieges auferlegten materiellen Lasten im Sinne einer Wiedergutmachung."

Erhard sah den Schwarzmarkt kommen. Seine Sprache klingt heute für uns etwas umständlich: „... wird der Drang nach Gütern die Dämme zu durchbrechen suchen..." Erhard berechnete sehr genau, welcher Währungsschnitt notwendig werden würde. Ungefähr eins zu zehn. So kam es tatsächlich: „Das schmale deutsche Sozialprodukt... kann nach Meinung des Verfassers mit einem sehr bescheidenen Notenumlauf von wenigen Milliarden (2–4) bewegt werden."

Seine Sekretärin tippte das Manuskript offenbar auf einer alten Schreibmaschine, jedenfalls mit einem etwas abgenutzten Farbband, das manche Buchstaben etwas undeutlich werden ließ. Lang oft die Sätze, und wissenschaftlich verklausuliert. Völlig klar der Inhalt. Die überschüssige Kaufkraft mußte abgeschöpft werden, die Mark dem Sozialprodukt angepaßt werden. Also Abwertung der Mark. Nach einem verlorenen Krieg, das war immer vorausgesetzt.

Erhard sprach über die Notwendigkeit internationaler Zusammenarbeit. Er hoffte wörtlich: „daß die Not, die dieser Krieg allen Völkern auferlegt, sie zu deren Überwindung zusammenstehen läßt. An dieser sehr realen Aufgabe des Wiederaufbaues einer neuen Welt auf den Trümmern der teils vernichteten, teils einseitig verzerrten Wirtschaft mag sich eine wahre und echte Solidarität der Völker erweisen und erhärten..." Solidarität der Völker! Woran Erhard dachte, das war eigentlich undenkbar.

Er verschickte seine Denkschriften mit normaler Post arglos an sehr unterschiedliche mögliche Interessenten, auch an Carl Goerdeler, einen führenden Kopf des deutschen

Widerstands, der schon vor dem Attentat auf Hitler von der Gestapo gesucht wurde. Eine Million Mark war als Fangprämie ausgesetzt. Goerdeler, einst Oberbürgermeister von Leipzig, bestätigte noch den Eingang der Denkschrift. Goerdeler wurde im Februar 1945 hingerichtet. Sein Urteil über Erhard ist erhalten. Er schrieb in seinem politischen Testament an seine Freunde: „Dr. Erhardt" — versehentlich mit „dt" — „vom Forschungsinstitut der deutschen Industrie hat über die Behandlung dieser Schulden" — die Kriegsschulden des Staates — „eine sehr gute Arbeit geschrieben, der ich im wesentlichen beistimme. Er wird euch gut beraten." Das Lob von einem Mann wie Goerdeler, der nach einem Sturz Hitlers Reichskanzler werden sollte, konnte verhängnisvoll werden.

Morgenthaus Plan

Die Herren in Berlin, Eschenburg und seine Gesprächspartner, unterhielten sich einmal über ihre privaten Pläne in der Zeit nach Hitler. Eschenburg träumte ein bißchen von einer Nachkriegs-Karriere im Exportgeschäft. Erhards sonst sehr auf Formen bedachter Schwager tippte sich an die Schläfe: „Sie Trottel. Mensch. Sie haben keine Ahnung. Morgenthau — Morgenthau. Export, einfach lächerlich. Export ist gestrichen."

Morgenthau. Jetzt war ein Name gefallen, der Angst machte. Gesprochen wurde von einem Plan, den der amerikanische Finanzminister Henry Morgenthau erst vor wenigen Wochen, im September 1944, seinem Präsidenten Franklin D. Roosevelt als kurze Denkschrift übergeben hatte, zur Vorbereitung einer internationalen Konferenz in Quebec. Morgenthau beschränkte sich auf dreieinhalb Schreibmaschinen-Seiten, gegliedert in 14 Abschnitte, die Kopien in blauer Schrift. Das Memorandum faßt seine Gedanken

über die Zukunft Deutschlands zusammen. Die Überschrift zeigte die Richtung an: „Program to Prevent Germany from starting a World War III“ — Wie man Deutschland daran hindert, einen dritten Weltkrieg anzufangen. Es genüge nicht, Deutschland vollständig zu entwaffnen. Morgenthau wollte die Landkarte neu aufteilen: Die Saar sollte an Frankreich, Ostpreußen an Polen oder die Sowjetunion fallen. Das Ruhrgebiet, so schlug Morgenthau vor, könnte eine internationale Zone werden. Alle Industrie müßte abgebaut und das Land so geschwächt und kontrolliert werden, daß es in der vorhersehbaren Zukunft nicht wieder ein Industriegebiet werden könnte. Was sonst noch vom Reich übrigblieb, sollte in zwei unabhängige Staaten aufgeteilt werden, Nord- und Süddeutschland. Für den Süden empfahl Morgenthau eine Zollunion mit Österreich. Die Deutschen könnten ihren Lebensunterhalt in erster Linie durch Landwirtschaft sichern. „Top Secret“ stand darüber. Propagandaschriften behaupteten, Morgenthau wolle Kinder von ihren Eltern trennen und in besonderen Schulen umerziehen. Doch davon stand kein Wort in seinem Konzept. Der Plan, der nie eine Chance der Verwirklichung hatte, gegen den sogar amerikanische Ministerien auftraten, wurde in Deutschland natürlich gewaltig aufgeblasen. Die Angst vor Morgenthau eignete sich hervorragend für die Nazi-Propaganda: Schaut her, was euch passiert, wenn ihr nicht bis zum letzten Mann kämpft!
Allein der Gedanke an Morgenthau mußte die Pläne von Ludwig Erhard unsinnig erscheinen lassen. Zusammenarbeit der Völker, freie Marktwirtschaft, Lastenausgleich wollte er — eine Unmöglichkeit aus der Sicht von 1944. Sträflicher, ja strafbarer Optimismus. Oder Landesverrat. Unter anderem verstieß Erhard gegen zwei sogenannte Führer-Erlasse. Das waren Anordnungen, die sich über alle bestehenden Gesetze hinwegsetzten. Der Führer-Erlaß vom 25.1.1942 ordnete zum Beispiel an: „Umfangreiche

Denkschriften... haben grundsätzlich zu unterbleiben." Alle Kräfte sollten sich auf den Krieg konzentrieren. Am 13. Januar 1943 verschärfte Hitler diesen Erlaß noch einmal: „Vorbereitungen und Planungen für künftige Friedensaufgaben... sind nunmehr vollkommen einzustellen."

Nicht nur der Widerstand zeigte Interesse an Erhards Denkschrift.

Die Reichsgruppe Industrie hatte eines seiner Gutachten auch dem Reichswirtschaftsministerium geschickt. Im November 1944 wurde Erhard zu einem Gespräch geholt. Zum stellvertretenden Staatssekretär Otto Ohlendorf, Jahrgang 1907. Ein gefährlicher Mann.

Dieser Ohlendorf hörte sich Erhard an. Was ging in ihm vor? Wie konnte er angesichts des nahen Zusammenbruchs an eine Neuordnung der Wirtschaft denken? Suchte er Auswege für die Zukunft? Solche Überlegungen wären sinnlos gewesen. Ohlendorf hatte als Leiter einer Einsatzgruppe in Rußland mindestens neunzigtausend Menschen hinrichten lassen. Auf einen Mann wie ihn wartete der Henker.

Erhard wurde im Januar 1945 ein zweites Mal zu Ohlendorf gebeten. Der war an diesem Tag verhindert, er war wohl an die Front geholt worden. Erhard wurde deshalb von einem jungen Juristen namens Karl Günther Weiss empfangen, der wirtschaftswissenschaftliche Institute betreute. Er hatte bereits eine Kurzfassung der Denkschrift Erhards in seinen Worten und in seinem Stil für Ohlendorf vorbereitet. Weiss erzählt dies in seinem Buch „Wahrheit und Wirklichkeit". Er habe den zögernden Erhard, der den Chef erwartet hatte, mit Cognac, Burgunder, einer Zigarre besänftigt. Eine Sekretärin — „schöne Helena" genannt — servierte. Weiss behielt alle Einzelheiten in Erinnerung, und das, was wir stichprobenartig nachprüfen konnten, spricht für die Qualität seines Gedächtnisses und seiner Notizen. Was Weiss dann noch über die Begegnung erzählt, ist also nicht unglaubhaft, höchstens unglaublich. Der Titel „Kriegsfinanzierung und Schuldenkonsolidierung", den Erhard über seine Denkschrift gesetzt hatte, klang für Weiss nicht griffig genug. Deshalb habe er, der junge Jurist, im Januar 1945 dem Doktor Erhard den Namen „soziale Marktwirtschaft" vorgeschlagen, ein Begriff, der für Ohlendorf eingängiger klingen würde. Er gefiel, berichtet Weiss, auch Erhard, der bisher nur von freier Marktwirtschaft gesprochen hatte. Beim nächsten Glas Burgunder habe er gesagt: „Soziale Marktwirtschaft, das ist der Weg, um die Vergangenheit mit der Zukunft auf vernünftige Weise zu verbinden." Man war sich einig: Das sei keine Theorie, sondern Ansatz zu einer neuen Lebensordnung: So Weiss, der übrigens in München promoviert hat und nach dem Krieg sich dort als Anwalt niederließ.

Ohlendorf rückte von Erhard ab, als ihm gesteckt wurde, daß der Industrieforscher bei einem jüdischen Lehrer an der Universität studiert hatte. Unternehmen konnte er nichts mehr gegen ihn — dafür war alles schon zu spät. Die Denkschrift, die alle Seiten interessierte, fiel nach dem Krieg auch in die Hände der Amerikaner. Sie holten Erhard sehr bald als Wirtschaftsberater nach Nürnberg. Als das Reichswirtschaftsministerium Berlin verließ, vor den anrückenden Russen fliehend, ließ Weiss seine Papiere — unter anderem die Manuskripte von Erhard — einpacken und in Richtung Westen abtransportieren. Eine Sekretärin, vielleicht die schöne Helena, habe eine der Kisten im seinem Auftrag noch mit „Soziale Marktwirtschaft" gekennzeichnet. Weiss glaubt fest, daß die Papiere die Zeit überdauert und nach dem Krieg spätzündend den Namen „Soziale Marktwirtschaft" weitergetragen haben könnten.

Außer Erhard hatten noch andere kluge Köpfe schon im Zweiten Weltkrieg über die Zukunft der Mark und des Markts nachgedacht, in Heidelberg zum Beispiel der Soziologe Professor Alfred Weber, in München sein Bruder, der weltbekannte Wirtschaftswissenschaftler Professor Adolf Weber. Um beide wiederum sammelten sich Industrielle wie auch Gewerkschaftler, die das Ende kommen sahen und über das Leben nach dem Tag X diskutierten. In Münster hatte sich außerdem Professor Dr. Müller-Armack vor den Nazis in den Elfenbeinturm der Wissenschaft zurückgezogen. Er war Erhard schon 1942 begegnet. Auch er, ein Guru der Marktwirtschaft, ordnete seine Gedanken für die Zeit nach Hitler. Bleiben wir hier beim Resümee Eschenburgs. Er sagte über die Denkschrift: „Immerhin hat Erhard hier wahrscheinlich die erste Konzeption für dic Finanz- und Wirtschaftspolitik der Nachkriegszeit entworfen."
Sogar in Amerika beschäftigten sich Finanzwissenschaftler mit der Zukunftswirtschaft in Deutschland. Einer von ihnen, ein gewisser Edward Tenenbaum, muß Ende 1944 schon unterwegs nach Europa gewesen sein. Er hatte bereits 1942 ein Buch über „Nationalsozialismus gegen Internationalen Kapitalismus" geschrieben.

„Wir sind noch einmal davongekommen"

Winter 1944/45 — das war die Zeit, in der die Deutschen sagten: „Lieber ein Ende mit Schrecken, als ein Schrecken ohne Ende". Ein halbes Jahr später hatte sich die Welt gewandelt. Mai 1945: Hitler war tot, besiegt, das Reich zerschlagen. 8. Mai: Totale Kapitulation. Wie erlebt man einen Zusammenbruch?
Kriegsende 1945 — eine Zeit des Elends und dann der Euphorie, ein trügerisches Hochgefühl. Schon am 21. Juni

1945 schrieb der Schriftsteller Erich Kästner in sein Tagebuch: „Es geht zu wie in Klondyke ... Wenn man zu charakterisieren sucht, was man erlebt, fallen einem ganz, ganz altmodische Wörter ein, wie ‚Hoffnungsschimmer', ‚Morgenröte' ‚Schaffensfreude', ‚Glücksrausch' und ‚Lebensmut'. Der Magen knurrt, doch die Augen blitzen. ‚Trunkenheit ohne Wein'. Alle miteinander sind wir um zehn Jahre jünger geworden. Der Kalender verbessert mich: um 12 Jahre jünger." Ein andermal, im gleichen Sommer, schrieb er über den Ruck, den sich Deutschland schon kurz nach dem Zusammenbruch gab: „... Alle Welt scheint am Werke, einen Überfrühling der Künste vorzubereiten. Daß man wie die Zigeuner leben muß, hinter zerbrochenen Fenstern, ohne Buch und zweites Hemd, unterernährt, angesichts eines Winters ohne Kohle, niemanden stört das. Keiner merkt's. Das Leben ist gerettet. Mehr braucht's nicht, um neu zu beginnen ... Es geht zu wie bei der Erschaffung der Welt." Zeitungen, Theater, Kabaretts, Geschäfte wurden gegründet, notfalls provisorisch in Ruinen. Handkarren waren oft die einzigen Transportmittel — damit wurden Karrieren gestartet.
Ein Chanson von Erich Kästner drückte aus, was die Menschen dachten, was ihr Hochgefühl auslöste. Ursula Herking sang es — in der Rolle einer Heimkehrerin, die alles verloren hat — im Münchner Kabarett „Schaubude": „Tausend Jahre sind vergangen, samt der Schnurrbart-Majestät. Und nun heißt's: Von vorn anfangen! Vorwärts Marsch. Sonst wird's zu spät." Es war der Refrain, der das Publikum jubeln ließ: „Denn wir hab`n ja den Kopf, denn wir hab'n ja den Kopf noch fest auf dem Hals." Ein Augenzeuge, der Schriftsteller Anton Sailer, hat den ersten Auftritt der Herking nie vergessen: „Die Leute heulten, trampelten, erzwangen da capos. Jetzt wußte man eigentlich erst, daß das tausendjährige Reich dahingegangen war, und wundervoll blieb's, endlich durchatmen zu können."

Auch Helmut Schmidt, dem Mann, der Kanzler werden würde, blieb aus jenen Jahren ein Theaterstück in Erinnerung, dessen Titel alles über das Lebensgefühl der Zeit sagt. Hildegard Knef spielte in Hamburg, als Schmidt die Aufführung sah, die Rolle eines Dienstmädchens. Das Stück von Thornton Wilder hieß: „Wir sind noch einmal davongekommen".

Das Reich war auseinandergebrochen. Die Reichsmark galt weiter. Nur langsam steuerte sie auf ihr Ende zu.

Die Mark auf der Waage ...

Mark – das war vor mehr als achthundert Jahren eine Maßeinheit im Münzwesen, eine Gewichtsangabe. 234 Gramm Silber nannte man zum Beispiel eine Kölner Mark. Aus dieser Menge wurde eine genau festgesetzte Zahl von Münzen geprägt. In anderen Teilen Deutschlands wog die Mark teils weniger, teils ein bißchen mehr. Mark gab es auch in vielen anderen Ländern. Als erste hatten Engländer diese Gewichtsbezeichnung eingeführt.

Das Jahr 1871 brachte die Gründung des Deutschen Reichs. Vorher galten in den einzelnen Ländern verschiedene Taler-Sorten, Lübecker Kurent-Mark, auch süddeutsche Gulden. Mit Gesetz vom 4. 12. 1871 wurde eine gemeinsame Währung eingeführt: die Goldmark. 10-Mark-Stücke sollten eigentlich Kronen heißen. Das setzte sich nicht durch. Mark und Pfennig blieben die Grundeinheit der deutschen Währung (1395 Goldmark entsprachen einem Pfund Feingold). Daneben kursierte noch jahrzehntelang das alte Silbergeld. Aus der Goldmark wurde 1923 die Rentenmark, die ein Jahr darauf wieder einen neuen Namen erhielt: Reichsmark.

Als wir alle hungrig waren ...

Die letzten Tage der Reichsmark

Frühjahr 1948. Tausend Tage nach der großen Niederlage. Wir sahen, wie sich Deutsche hinter amerikanischen Soldaten bückten. Um ihre weggeworfenen Zigarettenstummel, die Kippen, aufzusammeln. Wir hatten nichts und tanzten Boogie-Woogie — auch den brachten die Amerikaner nach Deutschland. Und die Mark wurde immer wertloser. War alles wirklich so schlimm, wie es aussah?

Wieder mußten wir viele neue Wörter lernen. Zum Beispiel Bizone. Oder SBZ. Die Bizone: So hießen jene Gebiete, die von Amerikanern und Briten besetzt worden waren. Sie schlossen sich schon am 1. Januar 1947 zu einer Doppelzone zusammen. Im Osten bauten die Sowjets ihren eigenen Staat auf: die SBZ, die Sowjetisch Besetzte Zone. Rheinland-Pfalz und ein Teil von Württemberg-Hohenzollern wurden zur französischen Zone. Deutschland war geteilt — aber noch konnte man die Grenzen überschreiten, bei Nacht und Nebel über die grüne Grenze fliehen, ohne in Minenfelder oder Stacheldraht zu laufen.
9,1 Millionen Flüchtlinge und Heimatvertriebene kamen allein nach Westdeutschland, und die Zahl wuchs weiter. Mehr Menschen auf engerem Raum, oft in miserablen Quartieren: Sie hausten in Baracken, in Lagern, wurden in Notunterkünften untergebracht. Wobei man sehr genau unterschied: Heimatvertriebene, das waren die aus den früheren deutschen Ostgebieten oder der Tschechoslowakei, wie sie in jener Zeit hieß. Sie gingen unter Zwang. Andere flohen aus der Ostzone: Flüchtlinge.

Die Amerikaner rechneten nach, wie eng es bei uns geworden war. Vor dem Krieg lebten in Deutschland 168 Menschen auf einem Quadratkilometer. Jetzt waren es 185, melden Berichte der Militärregierung. Alle mußten zusammenrücken. In einer anderen Untersuchung für Washington lesen wir: „Die durchschnittliche Belegung einer Wohnung (bestehend aus zwei kleinen Zimmern und einer Küche) ist von 3,5 auf 5,3 Personen gestiegen."
Wir hatten mehr Menschen unterzubringen — in weniger Häusern. Von 10,5 Millionen Wohnungen waren 2,3 Millionen im Krieg völlig zerstört worden, mindestens ebenso viele waren schwer beschädigt. Frauen mußten Schutt räumen, weil die Männer noch nicht aus dem Krieg heimgekehrt waren. Trümmerfrauen nannte man sie.
Angesichts des Elends rutschte die Stimmung nach der Euphorie des Neuanfangs von 1945 auf einen Tiefpunkt. Was man in Ost und West empfand, hatte die „Leipziger Volkszeitung" auf ihrer Seite 1 in einem Leitartikel zum Weihnachtsfest 1947 beredt geschildert:
„Menschen hungern, Kinder frieren. Ganze Länder werden von Krisen durchschüttelt. Streiks von nie gekannten Ausmaßen lähmen die Wirtschaft. Flüchtlinge hausen in Ruinenkellern. Schüsse fallen noch immer, wo Menschen um Freiheit kämpfen. Gefangene sehnen sich nach ihrer Heimat. Weizen wird ins Meer geschüttet. Atombomben werden serienweise hergestellt. Schieber schwelgen im Überfluß. Arbeiter kommen mit ihrem Lohn nicht aus, um das Notwendigste zu kaufen. Fabriken werden in die Luft gesprengt. Menschen gleicher Sprache sind durch unnatürliche Grenzen voneinander getrennt. Kinder suchen ihre Eltern. Eltern suchen ihre Kinder. Zeitungskönige propagieren einen neuen Krieg. Tränen fließen. Die Angst greift um sich ... Friede auf Erden? Nein, das ist kein Frieden."
Arbeiter kommen mit dem Lohn nicht aus ... So stand es in der „Leipziger Volkszeitung". Das galt auch im Westen.

Dabei war zuviel Geld im Umlauf. Bestenfalls ein Zehntel davon war mit Waren gedeckt. Das Ganze nannten die Fachleute unterdrückte Inflation. Denn die Preise wurden staatlich kontrolliert und niedrig gehalten, eingefroren lange schon die Löhne.
Die deutschen Familien hatten ein Durchschnittseinkommen von 170 Reichsmark im Monat. In Berlin verdiente man etwas mehr, nämlich 251 Mark, die Bayern hatten weniger: 155 Mark. Das ermittelte die amerikanische Besatzungsmacht. Die Durchschnittsfamilie gab in den Westzonen nur 152 Mark pro Monat aus. Angeblich. Was ließ sich damit schon anfangen? Mit rund zehn Mark konnte man alles kaufen, was offiziell an Lebensmitteln und sonstigem zugeteilt wurde. Es gab ja bitter wenig.
Der Schwarzmarkt dagegen erfüllte beinahe alle Wünsche. Für sehr viel Geld. Teure Kameras, Bohnenkaffee, Zigaretten oder Zucker — alles da. Der amerikanische Wirtschaftsfachmann Edward Tenenbaum, der kurz nach dem Krieg viele Städte Deutschlands besuchte, rechnete aus, wie hoch die Lebenshaltungskosten wirklich waren oder gewesen waren. Wer sich wie in alten Friedenszeiten satt essen wollte, mußte dafür auf dem Schwarzen Markt monatlich mindestens 3200 bis 3600 Reichsmark bezahlen. Wer konnte das schon? Für ein Kilo Butter beispielsweise, das aus 26 Litern Milch hergestellt wurde, verlangten Schwarzhändler 520 Reichsmark, notierte Mr. Tenenbaum. Hat er zufällig eine Untersuchung des Statistischen Landesamts in Hamburg aus dem Jahre 1947 gelesen? Sie kam fast zum gleichen Ergebnis wie er, nannte noch präzisere Zahlen: Um die im Jahre 1937 üblichen Lebensmittel mit täglich 2800 Kalorien zu kaufen, „müßte ein Normalverbraucher für sich und seine Frau monatlich 3170 Mark ausgeben". Auf dem Schwarzmarkt.
Zuviel Geld im Umlauf, zuwenig in der Tasche, überall Mangel — das bestimmte unser Leben, den Speisezettel,

den Alltag wie die Hoffnungen auf die Zukunft. Ein Teufelskreis. Schlecht die Mark, schlecht das Essen.

Wir alle waren hungrig. Sehr viele Deutsche sahen 1948 aus wie der Schauspieler Gert Fröbe — vielleicht nicht so hochgewachsen wie er, aber genauso mager. 1,86 Meter groß, wog Fröbe nur 116 Pfund. In seinen noch fernen besten Tagen, als „Goldfinger", würde er über zwei Zentner auf die Waage bringen. Er spielte 1948 in dem Film „Berliner Ballade" den Otto Normalverbraucher, einen Alltagsmenschen. Die Rolle war ihm auf den dürren Leib geschrieben. Normalverbraucher, so wurde auf den Lebensmittelkarten der Erwachsene genannt, der weder schwanger noch Schwer- oder Schwerstarbeiter war und keine Extrarationen erhoffen durfte. Für alles wurde ein Stück Papier verlangt, das viele Namen haben konnte: Außer den Lebensmittelkarten gab's Bezugsscheine, Sonderbezugsausweise, die Raucherkarte, eine Zusatzkleiderkarte... Einiges war markenfrei. Zum Beispiel Heißgetränke aus irgendwelchen Aromastoffen, ohne Alkohol natürlich.

Wer sich an die offiziellen Zuteilungen halten mußte und kein Vitamin B besaß, also Beziehungen, der hatte bald Gert Fröbes hagere Figur. Seinen Schauspieler-Kollegen ging es im Westen tatsächlich besonders schlecht. Immer wieder mußten Vorstellungen vorzeitig abgebrochen werden, weil die Schauspieler vor körperlicher Erschöpfung ohnmächtig wurden.

Das war eine weitverbreitete Krankheit: Die Deutschen hätten ganz allgemein im Durchschnitt ein Untergewicht von zwölf bis achtzehn Pfund, berichteten amerikanische Militärärzte nach Washington. Die Amerikaner stellten im ersten Quartal des Jahres 1949 genau 9295 Männer und 4439 Frauen aller Altersklassen auf die Waage und ermittelten das Durchschnittsgewicht: 137,1 US-Pounds die Männer, 122,9 Pounds die Frauen. Umgerechnet 124,3 bzw. 111,4 deutsche Pfund. Die Untersuchungen wurden

jedes Vierteljahr wiederholt. Im Juni 1948 war das Gewicht der Männer auf 122,8 Pfund, das der Frauen auf 108,4 Pfund gesunken.
Hunger war sogar eine gute Entschuldigung vor Gericht. In Berlin stand ein Fahrdienstleiter vor Gericht. Er hatte beim Versagen einer Signalanlage die Nachricht nicht weitergegeben. Die Folge: ein Unfall mit 28 Verletzten. „Das Gericht sprach ihn wegen unzureichender Ernährung und Überlastung frei", meldete die französisch lizenzierte Nachrichtenagentur SÜDENA...
Es kam zu Hungerstreiks in Westdeutschland. Das Wort hatte eine andere Bedeutung als heute. Man verweigerte nicht die Nahrungsaufnahme, um etwas zu erreichen, gestreikt wurde gegen den Hunger. Deshalb legten Arbeiter in München bei BMW, Krauß-Maffei und der Waggonfabrik Rathgeber die Arbeit nieder. In München zogen 13000 Studenten durch die Stadt und riefen: „Hunger!" So war's in vielen Städten. „Besonders große Ausmaße nahm die Streikwelle in der britischen Zone an. Die Fett- und Fleischversorgung sei aufs höchste gefährdet", meldete die „Süddeutsche Zeitung".
Im Juni 1948 standen den meisten Deutschen pro Kopf und Tag genau 1575 Kalorien zu. In Bayern waren die Rationen zeitweise etwas kleiner. Was konnte dafür die Hausfrau pro Mund auf den Tisch stellen? In Westberlin zum Beispiel notierten die Amerikaner als Tagesration im Juni 48: Zwei große Kartoffeln — 400 Gramm. Ebensoviel Brot. Dazu 10 Gramm Fett, 20 Gramm Zucker und 40 Gramm Fleisch. Vom Ersatzkaffee nicht zu reden, den es auch nur auf Marken gab. Stichprobe in Speyer. SÜDENA berichtete im Juni 48 von einer Umfrage am Arbeitsplatz:

Kümmerliche Brotzeit

Speyer. Bei einer Kontrolle in verschiedenen Betrieben von Speyer wurde festgestellt, daß von 1103 Personen 616 kein Früh-

stück bei sich hatten, 413 nur eine Scheibe Brot, 42 Brot mit Zulagen wie Rettich, und 32 Personen hatten nur Rettich ohne Brot.

Das Mittagessen wurde bei 807 Personen überprüft. 374 hatten nur eine Suppe, 72 Kartoffeln, 86 Gemüse oder Kopfsalat an den Arbeitsplatz mitgebracht. 12 hatten Nudeln, 226 Personen aßen eine Suppe in der Werkküche, und 37 waren ohne Mittagessen.

Wir haben die Meldung zweimal gelesen. Das Wort Wurst kommt darin überhaupt nicht vor...

1575 Kalorien pro Tag! Oft wurde nicht einmal diese Mindestmenge erreicht. Dabei waren die allerschlimmsten Zeiten schon überstanden: „Im Hungerwinter 1946 lebten wir von 896 Kalorien pro Tag", erzählt Helmut Schmidt, der eine Diplomarbeit über die Währungsreform schreiben würde, bevor er aufstieg in der Politik. Glücklicherweise hatten die Schmidts in Hamburg, wo sie lebten, eine Tante mit amerikanischen Verwandten, die ab und zu ein Care-Paket schickten. Schön, daß Tante Marianne die ganze Sippe am Kaffee teilhaben ließ, erinnert sich Schmidt. Care-Paket? Das waren Lebensmittelspenden aus Amerika — jedes Paket mit 375 Gramm Bratenfleisch, 450 Gramm Leber, 900 Gramm Fett, 450 Gramm getrocknete Pflaumen, 900 Gramm Schokolade, 900 Gramm Vollmilchpulver und 225 Gramm Trockenei. Insgesamt 40000 Kalorien. Preis für den Spender: 10 Dollar. Ein Münchner Journalist, W.E. Süskind, errechnete den Wert in Schwarzmarkt-Preisen: Pro Paket 7000 Reichsmark. Kalorien lockten mehr als Geld. So wurden für die Ergreifung des 17jährigen Mörders Wilfried Helm, der einen amerikanischen Soldaten und dessen Fahrer umgebracht hatte, siebzig Care-Pakete ausgesetzt. Umgerechnet fast eine halbe Million Mark auf dem Schwarzmarkt!

Die Alliierten sahen ein, daß die offiziellen Lebensmittelrationen zu niedrig waren. General Lucius D. Clay hoffte im März 1948, daß im folgenden Jahr wenigstens 1800 Ka-

lorien monatlich pro Kopf garantiert werden könnten. 2000 Kalorien werde man erst 1950 erreichen.
Wie war das eigentlich im Osten, in der sowjetisch besetzten Zone? „Menschen hungern, Kinder frieren", konnten wir der „Leipziger Volkszeitung" entnehmen. Ehrliche Worte. Im „Neuen Deutschland" las man es ganz anders. Am 4. Januar 1948 freute sich das Blatt über „... wesentliche Verbesserungen in der Versorgung der Werktätigen". Am 7. Januar berichtete das „Neue Deutschland" begeistert: „Sachsens Wirtschaft auf alter Höhe". Am 13. Januar erfuhr man dann: Strikt sowjetische Befehle verwirklichend, sei es gelungen, „die Produktion zu steigern, die Lebensmittelverhältnisse zu verbessern und die Arbeitsmoral zu erhöhen". Von Not berichtete auch das „Neue Deutschland", allerdings immer nur von der im Westen. „Ernährungsnotstand in der Bizone", hieß es am 13. Januar, und am 14. Januar erfuhren die Ostberliner Leser: „Grenze des Erträglichen überschritten — Weitere Verschlechterung der Ernährungslage im Ruhrgebiet". Der kalte Krieg der Propaganda hatte begonnen.

Sieger interviewen Besiegte

Was dachten die Hungrigen, die vielen Otto Normalverbraucher, die Menschen, die in Ruinen lebten? Wie fühlen sich Menschen, die hörten, daß sie nur alle zehn Jahre Anspruch auf ein neues Hemd hätten und vielleicht alle vierzig Jahre auf einen Anzug?
Sie werden apathisch, haben keine Lust, für wenig Geld viel zu arbeiten, neigen zu Selbstmitleid, sind hoffnungslos, klauen ohne Hemmungen, wenn sicher ist, daß sie nicht erwischt werden. Das alles ist in den Notizen und Berichten der amerikanischen Militärgouverneure festgehalten. Sie wollten möglichst viel über die Deutschen wissen und

hatten nicht nur Panzer und Soldaten nach Europa geschickt, sondern dazu Meinungsforscher, die sogenannte Opinion Surveys Unit. Der Sieger interviewte den Besiegten, er stellte ihn nicht nur auf die Waage, man erkundete auch seinen Arbeitswillen. Die Wirtschaft wurde analysiert wie die Weltanschauung. Und die Statistiken werden zu einem Porträt der Deutschen in jener Zeit, als die neue Mark zur Welt kam. Wobei sich Otto Normalverbraucher-Ost kaum von dem im Westen unterschied. Schlagen wir nach in den Akten:

„Mit dem Verlust an Körpergewicht ist ein entsprechender Verlust an Leistung und Tatkraft verbunden", steht in einem Bericht an US-Präsident Harry S. Truman. Die Folge: „Leichte Blutarmut, Apathie, Unaufmerksamkeit und Konzentrationsmangel". Nicht nur Nächstenliebe war's, die Washington an Hilfsaktionen denken ließ. Dahinter steckten nüchterne wirtschaftliche Überlegungen. Der Sieger mußte den Besiegten aufpäppeln, damit der nicht ständig auf Hilfslieferungen angewiesen war: „Je schneller wir den Ernährungsstand verbessern, desto schneller können wir erwarten, daß die deutsche Industrie wieder zum Leben erwacht, und desto schneller wird die Zeit kommen, in der deutsche Exporte die Kosten der laufenden Importe decken", heißt es bei General Clay.

Deutsche Fachleute sahen da noch andere Gründe für die allgemeine Apathie. Ein Ausschuß der Münchner Gewerkschaften hatte einen „Plan G zur Regelung der schwebenden Währungs- und Finanz-Probleme" ausgearbeitet, der übrigens von den Amerikanern als sehr nützlich und wichtig eingestuft wurde. Diese Denkschrift befaßte sich in den Vorbemerkungen mit dem Thema Mark, Markt und Arbeitsmoral:

„Die Klage, daß für wichtige Arbeitsvorhaben keine Arbeitskräfte vorhanden sind, ist allgemein... Nichts ist menschlich verständlicher, als daß die zurückgekehrten

Soldaten zunächst einmal das Bedürfnis nach einer gewissen Ruhepause haben. Ebenso können wir nur zu gut verstehen, daß die durch schärfste polizeiliche und terroristische Maßnahmen zu 12- bis 14stündigen Arbeitstagen gezwungenen Arbeiter zunächst einmal verschnaufen... Die deutschen Arbeitskräfte ruhen sich, mindestens zu einem Teil, zunächst auf ihren im Krieg angesammelten, teilweise abgehungerten Spargroschen (auch ein Teil des Kaufkraftüberhangs!) aus. Bei Wegnahme des Kaufkraftüberhangs wird jeder, der überhaupt arbeiten kann, wieder arbeiten müssen..." Die Prognose der Gewerkschaften mit anderen Worten: Wenn weniger Geld im Umlauf sei, werde mehr gearbeitet werden. Hauptautor der Denkschrift: der Münchner Stadtkämmerer Erwin Hielscher.

Die Produktion ging zurück: „Der fast volle Einsatz der verfügbaren Arbeitskraft erbrachte nur den Bruchteil einer normalen Leistung", sagte Wirtschaftsprofessor Ludwig Erhard in einer Rede im April 1947.

Viele gingen nur zur Arbeit, weil sie sonst keinen Anspruch auf eine Lebensmittel-Karte hatten. In Bayern waren angeblich 20 Prozent der Arbeitskräfte nur zum Schein angestellt. „Überraschend nicht, daß so viele sich vor der Arbeit drückten. Überraschender, daß so viele überhaupt zur Arbeit gingen", sagte Edward Tenenbaum nach einigen Reisen durch Deutschland. „Denn es hatte sich die Meinung verbreitet: Wer arbeitet, ist einfach dumm!"

„Das Märchen von den kleinen Dingen"

Der Blick in leere Schaufenster ermunterte nicht zur Arbeit. Abgesehen von Krimskrams wie Aschenbecher, hergestellt aus den Resten von Granaten, oder selbstgefertigten kunstgewerblichen Artikeln lag wenig in den Regalen. Erich Kästner schrieb über die Not in den Läden ein „Märchen von den kleinen Dingen": „Es war einmal ein Land, in dem gab es keine Zündhölzer. Und keine Sicherheitsnadeln. Und keine Stecknadeln. Und kein Garn zum Stopfen. Und keine Seide und keinen Zwirn zum Nähen. Und kein Seifenpulver. Und kein Endchen Gummiband weit und breit, und schmales auch nicht. Und keine Kerzen. Und keine Glühbirnen." Wir lasen die kleine Geschichte im Mai 1948 in der „Tageszeitung", die als Musterzeitung zur Presseausstellung in München erschien. Das Märchen sagte sehr genau, was uns Kummer machte.

Die Wahrheit war jedoch viel komplizierter, als es eine Kurzgeschichte darstellen konnte. Denn Erich Kästner irrte. Es gab Zündhölzer. Und Sicherheitsnadeln. Und Garn zum Stopfen. Und Seide und Zwirn zum Nähen. Und Seifenpulver. Und Schokolade. Und... Es gab mehr davon, als in den Schaufenstern oder in den Läden zu sehen war. Richtig, alles war knapp. Viele Häuser waren zerstört, doch nicht alle Keller und Lagerräume. Es wurde gehortet. Wer als Kaufmann Vorräte über den Krieg gerettet hatte, und das hatten viele, dachte nicht daran, seine Bestände gegen miserables Geld abzugeben. Lieber wartete er auf bessere Zeiten. Wer produzierte — als Bauer, als Fabrikant —, versuchte möglichst viel auf die Seite zu bringen. Nur so ist es zu erklären, daß die Kühe plötzlich weniger Milch lieferten. Früher durfte man mit 3,1 Litern pro Tag rechnen, wie Mr. Tenenbaum ermittelte. 1947 brachte es jede Kuh nur noch auf zwei Liter. Tranken vielleicht die Bauern selber die Milch, weil es kein Bier gab? Das wurde vermutet. Von September 1946 bis September 1947 seien in Bayern außerdem 1,4 Millionen Schweine verschwunden, vierzig Prozent des Bestands, berichtete die Presse. Bei der letzten Zählung waren es noch 2,9 Millionen. Jetzt standen angeblich nur 1,45 Millionen in den Ställen. Wo waren die anderen geblieben? Der Militärgouverneur von München, Murray van Waggoner, ersuchte um Aufklärung. Es seien weniger Ferkel geworfen worden, und das auch noch weniger oft, entschuldigte sich das bayerische Ernährungsministerium. Natürlich wußte jeder die zutreffende Erklärung: Milch floß in dunkle Kanäle, Schweine wurden schwarz geschlachtet.

Nicht nur, um besser zu verdienen. Viele Handwerker oder Landwirte mußten Tauschgeschäfte machen. Ware gegen Ware — vielleicht Butter für Maschinen-Ersatzteile. Oft verlangten Arbeiter Nahrungsmittel oder Sachwerte anstelle von Lohn oder Gehalt. Die Opelwerke hatten beispielsweise Bezugsscheine für Eisen erhalten. Sie bauten damit jedoch nicht Autos, las man in den Zeitungen, sondern kauften Fahrräder für die Belegschaft. Weil die Arbeit sich nicht lohnte, weil Material für Tauschgeschäfte auf Schleichwegen verschwand, wurde weniger produziert, als man hätte produzieren können. Ein Teufelskreis. Und was lagerte in den Speisekammern der Deutschen? Um das zu ermitteln, wurde eigens ein Speisekammergesetz erlassen. Die Deutschen sollten ihre privaten Vorräte anmelden. 114 Tonnen Papier wurden allein in Bayern für die entsprechenden Fragebögen aufgewendet. Hundert verschiedene Nahrungsmittel wurden aufgelistet. Was davon war vorhanden? Die Antwort blieb aus. Die Deutschen sperrten sich. Tenenbaum: „Die Aktion war ein komplettes Fiasko." Von 250000 Haushaltungen im Gebiet München wurden lediglich 113 Fragebogen zurückgesandt.

Waren die Deutschen apathisch? Das schien nur so. Sie hatten oft einfach keine Zeit zum Arbeiten — wenn man darunter versteht, irgendwo Bürostunden abzusitzen. Statt dessen sahen sie sich lieber auf dem Schwarzen Markt um, machten Geschäfte, fuhren aufs Land zum Hamstern, genauer gesagt, zum Tauschhandel: Vielleicht ein Schmuckstück oder einen Teppich gegen einen Rucksack voller Mehl und Eier. Auf dem Schwarzmarkt ließ sich, wenn man wendig war, schnell Geld verdienen.

Tenenbaum hat es nachgerechnet: Ein Gepäckträger, der sich auf amerikanische Soldaten spezialisiert hatte, erhielt als Trinkgeld Zigaretten und Schokolade-Riegel im Schwarzmarkt-Wert von 600 bis 1000 Reichsmark pro Tag.

Kippen-Sammeln — ein gutes Geschäft

Ein Angestellter, der in einem amerikanischen Offiziers-Club Aschenbecher reinigte und dann die Zigaretten-Stummel an Bauern verkaufte, konnte damit leicht seine Familie ernähren und sein Haus ausbauen. Warum also Schutträumen, wenn man mit Aschenbecherleeren schneller und mehr verdiente?

Schwarzhandel fand überall statt. Auf offener Straße, im Hinterzimmer einer Kneipe, am Bahnhof. Selbst wenn Razzien durch die Polizei drohten. Wir wissen von einem Vierzehnjährigen, der als unauffälliger Kurier in ein sogenanntes DP-Lager geschickt wurde. DP's, Displaced persons: So hießen verschleppte Menschen, die aus vielen Ländern als Zwangsarbeiter nach Deutschland gebracht worden waren. 578000 warteten im Juni 1948 auf die Heimreise oder auf ein Visum für ein anderes Land. Sie erhielten Sonderrationen und verkauften oder vertauschten, was sie nicht brauchten. Das Kind packte ein paar Kilo amerikanischen Kaffee für jeweils 400 Mark in den Rucksack und verkaufte sie für 500 Mark weiter. Im Handumdrehen, in wenigen Stunden, waren ein paar Hunderter verdient.

So wurde der Hunger nicht zur Katastrophe. Gewiß, wer alt war oder alles verloren hatte, auf der Flucht oder im Bombenkrieg, wer also nichts zu tauschen hatte, dem ging's schlecht. Der litt Not. Nur die Jungen, die Schnellen, die Skrupellosen fanden hundert Wege, die Rationen aufzubessern. Die Amerikaner waren obendrein hervorragende Schwarzmarkt-Lieferanten und Abnehmer für

Alltag in der Besatzungszeit: Deutsche bücken sich und sammeln die Zigarettenstummel der Amerikaner. Am Straßenrand ein US-Soldat mit seiner deutschen Freundin.
Foto: Hilmar Pabel / Bildarchiv Preußischer Kulturbesitz.

Nazi-Souvenirs. Tenenbaum beobachtete solche Geschäfte: Hitlers „Mein Kampf" gegen Zigaretten. Ein Bestseller: Kuckucksuhren für 1000 Zigaretten. Schwarzhandel blühte im Westen wie im Osten.

Jetzt folgt ein gefährlicher Passus in den ungedruckten Erinnerungen des Edward Tenenbaum. Wie groß war die Not wirklich? Tenenbaum sah sich um und kam zu überraschenden Erkenntnissen:

„Wohin man in Deutschland nach dem Krieg blickte: Der schlimmste Anblick (the most striking sights) waren die Ruinen. Eine Untersuchung des Strategischen Bomberkommandos der Vereinigten Staaten machte jedoch klar, daß es leichter war, Glas zu zertrümmern und Mauern einzuebnen, als die Produktionsmaschinen in den Fabriken ernsthaft zu zerstören. Unter den entmutigendsten Schuttbergen waren unbeschädigte oder wenig beschädigte Anlagen begraben. Vielleicht der schlimmste Schaden, der durch die Ruinen angerichtet wurde, war der psychologische Effekt: daß der Glauben an Deutschlands wirtschaftliche Zukunft Schaden nahm."

Ähnlich war in seinen Augen die wirtschaftliche Situation: „Ihre wahre Stärke lag im Verborgenen." Tenenbaum meinte damit nicht nur die Lager mit gehorteten Waren. Viele Fabriken produzierten nicht für die Öffentlichkeit, sondern für den Eigenbedarf. Und viel von dem, was angebaut oder produziert wurde, kam nicht auf den Markt, sondern floß durch dunkle Kanäle an den Normalverbrauchern vorbei auf den Schwarzen Markt oder in den Tauschhandel. Mißwirtschaft, Transportschwierigkeiten, keine Übersicht mehr über Bestände — all das trug zu den Schwierigkeiten der Wirtschaft bei. Mit größerem Aufwand wurde weniger produziert. Die Kohlenindustrie konnte zum Beispiel 1947 mehr Arbeiter einsetzen als vor dem Krieg, lieferte aber nur ein Viertel der früheren Menge. Deshalb wiederum verdoppelten sich die Produktionskosten von 6,72 Reichsmark pro Tonne Kohle auf 12,62 Reichsmark Anfang 1947. Viel Kohle verschwand, wurde gestohlen oder für den Eigenverbrauch der Zechen verwendet — das wiederum wirkte sich auf den Eisenbahnverkehr aus. Weniger Züge sollten mehr Leute als früher transportieren. 1936 waren es 58 Millionen Passagiere im Monat, im August 1947 dagegen 148 Millionen. Deshalb waren alle Züge überfüllt. Alles Zahlen aus Tenenbaums Notizen — Zahlen, die Zusammenhänge sichtbar machten. Mangel in der einen Branche erzeugte anderswo neue Knappheit, eines zog das andere nach sich immer tiefer ins Elend.

Was offiziell nicht bekannt wurde: Es gab auch Sabotage — besonders in der britischen Zone, wo nach Tenenbaums Feststellungen die Lebensmittelverwaltung in der Hand einer kaum getarnten und praktisch unveränderten Nazibehörde war.

Stadtkämmerer Hielscher vertrat in seinem „Plan G" ähnliche Ansichten wie Tenenbaum. Trotz allen Rohstoffmangels hätte die Industrie mehr leisten können, als sie leistete. Im Krieg, noch während der Zeit der Bombenangriffe, sei die Wirtschaft auf vollen Touren gelaufen. Jetzt herrsche Feiertagsstille. Das sei wahrscheinlich „eine seelische Reaktion auf die wahnwitzige Überspannung der volkswirtschaftlichen Maschine während der Kriegsjahre". Der „eigentliche Hauptgrund für das völlige Absacken der Produktion" liege in der Lähmung des Verwaltungsapparats, und da sah Hielscher Schuld bei der Militärregierung, die zu Initiative auffordere, aber sie allzu oft unterbinde und behindere.

Hunger der Deutschen — ein Märchen?

Und der Hunger, die Not der Menschen? Tenenbaums Schlußfolgerungen waren immer klar, wohlüberlegt, durch viel Wissen gedeckt — mit den Gedanken, die jetzt folgen, wird er noch nach fünfzig Jahren Empörung, zumindestens Zweifel auslösen. Sie stehen auf jeden Fall im Widerspruch zu alliierten Statistiken. Tenenbaum kam zu der Überzeugung: „Es gab natürlich einige Gruppen von Deutschen, die schwer unter der Nahrungsmittel-Knappheit litten, besonders sehr alte Leute und einige Kinder." Und dann kommt der Schlag: „Für die Mehrheit der Deutschen gilt, daß ihr Hunger ein Märchen war, geboren aus einem wohlentwickelten Instinkt für Selbstmitleid der Deutschen und dem Mitgefühl der Alliierten für den ‚underdog', den Schwächeren."

Was er noch anfügt, bestätigten Ärzte: „Selbst wenn der Mangel an Nahrungsmitteln unerfreulich und unbequem und das Essen eintönig war — so wirkte sich das zuletzt positiv auf die Gesundheit von vielen aus. Weil sie ihr Übergewicht verloren."

Tenenbaum behauptet sogar: „Die Tatsachen, die das Märchen vom Hunger platzen hätten lassen können, wurden sowohl von den deutschen Ernährungsbehörden wie von ihren Partnern in den britischen und amerikanischen Militärregierungen verborgen... Während die normalen Rationen tatsächlich klein waren, mußte praktisch kein Deutscher davon leben." Statistiken über Sonderzuteilungen oder Extra-Rationen für bestimmte Gruppen seien versteckt worden — besonders vor den US-Kongreßmitgliedern, die zu Besuch kamen. Man hatte Angst, so Tenenbaum, daß die amerikanischen Hilfs-Zusagen verkürzt würden, wenn die wahren Tatsachen bekannt würden.

Die Not wurde also nicht geschönt, sondern übertrieben. War es wirklich so? Vereinfachen wir die Wahrheit auf diesen Satz: Wir hungerten, waren schwach vor Hunger — doch wir sind nicht verhungert. Immer, besonders in Notzeiten, schwimmen Klevere, Rücksichtslose, Ellenbogen-

menschen ganz oben, gehen jedenfalls nicht unter – und es gab nicht wenig Klevere, Rücksichtslose, Ellenbogenmenschen.
Zu Tenenbaums Beobachtungen paßt, was der deutsche Journalist Erich Kuby, Reporter der „Süddeutschen Zeitung", sah (und als Beitrag für das Buch „Mein Kopfgeld" schrieb): „Es war erstaunlich, für deutsches Geld legten deutsche Hühner keine Eier, trugen deutsche Obstbäume kein Obst, gaben deutsche Kühe keine Milch. Mit anderen Worten, die Geldentwertung offenbarte drastisch, was der Mensch ist oder wozu er wird, wenn seine materiellen Interessen auf dem Spiel stehen: zu einem inhumanen, widerlichen Egoisten. Natürlich gab es auch vor der ‚Währungsreform' Kirschen zuhauf, Milch in Strömen, Fleisch zu Bergen, aber nur für diejenigen, die über Sachwerte oder Devisen verfügten."
Außerdem: Wenn ein Staat zusammenbricht und das Geld seinen Wert verliert, gehen die herkömmlichen Moralvorstellungen verloren. Stehlen? Im Krieg nannte man das organisieren, illegal beschaffen. Nach dem Krieg wurde ohne Hemmungen geplündert, wo immer ein herrenloses – vielleicht von Soldaten verlassenes – Warenlager der Wehrmacht oder der Partei entdeckt wurde. Seit 1947 sprach man im Rheinland gern von „fringsen".
Der Winter 1946 war ungewöhnlich kalt. Die Menschen froren und stahlen Heizmaterial, wo sie es fanden, besonders gern aus Güterzügen am Bahnhof, und nicht nur im Rheinland. Josef Kardinal Frings, ein sonst sehr strenger Herr, rief in Köln die Kohlendiebe keineswegs zur Ordnung, nein, der Kirchenfürst ermutigte sie zum Stehlen. In der Silvesternacht 1946/47 verkündete er von der Kanzel herab, daß „in der Not auch der Einzelne das wird nehmen dürfen, was er zur Erhaltung seines Lebens und seiner Gesundheit notwendig hat, wenn er es auf andere Weise, durch seine Arbeit oder durch Bitten, nicht erhalten

kann.“ Künftig nannten die Kölner das Klauen einfach „fringsen“.
Das Jahr 1948, in dem die Mark geboren wurde, war im Westen die Zeit der Re-Education, der Umerziehung. Sie wurde natürlich unter anderen Vorzeichen ebenso im Osten betrieben. Die Russen nannten dies: „Den Schutt aus den Köpfen der Deutschen räumen“. Sie schickten sogar umjubelte Volkschöre in ihre Zone, um Freundschaft werbend.

Demokratie ist gut und nahrhaft

Die Umerziehung begann schon bei den Kindern. Im Westen wurden sie zum Beispiel eingeladen zur GYA, German American Youth Activity. Die Amis, wie man sie nannte, hatten viel zu bieten: Kakao, Gebäck, lebhafte Diskussionen und Filme. Über alles, was schön war in Amerika. Und Journalisten freuten sich, wenn sie zu einer Pressekonferenz beim örtlichen US-Militärgouverneur bestellt wurden. Auf jeden Fall erhielten sie außer Statistiken und Weisungen richtigen Bohnenkaffee und Ami-Zigaretten ... So lernten wir: Demokratie ist gut und nahrhaft.
Obendrein war sie alles andere als langweilig. Mit der Re-Education kamen ja Hollywood und der Glanz von Luxus, wenigstens auf die Leinwand, in die deutsche Trümmerwelt-West. Aus dem Radio, das vor tausend Tagen noch Lieder wie „Wovon kann der Landser denn schon träumen“ übertragen hatte, ertönten nun Songs made in USA. Zum Beispiel „Chatanooga Choo-Choo“ oder „In the Mood“. Einer der ersten Filme aus Amerika in deutschen Kinos war „Rhapsody in Blue“. Hollywood trug durchaus zu unserer Stimmung bei.
Wir fielen in ein Wechselbad der Gefühle. Hier Hoffnung. Dort Depression. Zum Hunger kam Hysterie. Und die

Furcht vor einem neuen Krieg. Man stritt und debattierte voller Zorn. Gunter Groll, ein großer Filmkritiker, beklagte sich: „Eine Welle der Intoleranz geht durch Deutschland. In Ost und West, in Nord und Süd diskutiert man mit Schaum vor dem Mund. Die Sprache der Auseinandersetzung ist entweder müde oder fanatisch, entweder voll ängstlicher Betulichkeit oder voller wilder Wut. Hunger macht hysterisch."
Schließlich wurde Gunter Groll selbst böse. Die Mächtigen von damals waren in seinen Augen „...Eine satte Klique von Schiebern, eine allmächtige Schicht von Bürokraten, Fragebogenfeldwebeln, Nichtzuständigkeitsbeamten, bornierten Hohlköpfen, bestechlichen Kreaturen, beamteten und unbeamteten Gangstern, ehrgeizigen Intriganten, die uns und ihren anständigen Kollegen das Leben schwer machen, inmitten eines Rattenschwanzes aus Unfähigkeit und Opportunismus, Anmaßung und Feigheit, sinnlosem Leerlauf und sinnwidriger Dummheit..." Bittere Worte zum Abschied von der Reichsmark.
Edward Tenenbaum schilderte die Situation beinahe poetisch-bildhaft. „Über dem Land lag ein Nebel der Verwirrung, bevölkert von Geistern der Verzweiflung und Verkündern des wirtschaftlichen Untergangs." Trotz allem sah er Licht durch den Nebel schimmern. Tenenbaum war lange vor der anstehenden Währungsreform der Meinung, „daß alles nicht so schlecht war, wie es schien". Während andere glaubten, Deutschland werde mindestens fünfzig Jahre von fremder Wohltätigkeit abhängig sein, tippte er auf zehn Jahre. Später konnte er befriedigt feststellen, daß er sich geirrt hatte. Die Deutschen brauchten nur fünf Jahre, um wirtschaftlich wieder auf eigenen Beinen zu stehen.
Doch jetzt müssen wir diesen geheimnisvollen Herrn Tenenbaum, der sich in Deutschland so gut auskannte und so ketzerische, bisher nie gehörte Ansichten vertrat, erst einmal vorstellen.

Aus dem „Hausschatz“: Beefsteak anno 1947

(Die nachstehenden Rezepte und Tips sind dem Jahrgang 1947 der Zeitschrift „Deutscher Hausschatz“, Nürnberg, entnommen. Die Original-Schreibweise wurde beibehalten.)

Falsches Beafsteak
Pro Person wird eine dicke Scheibe Brot (die Rinde abgeschnitten) kurz in Wasser eingeweicht, sehr gut ausgedrückt und mit Gewürzen aller Art — Zwiebel, Schnittlauch, Petersilie, Kümmel, Bohnenkraut usw. — vermengt, zu einem flachen Klops geformt, mit Mehl passiert, in der Pfanne mit wenig Fett braun gebraten. Sieht aus wie Beafsteak und schmeckt ähnlich. Dazu Kartoffelbrei und, wenn man hat, Tomate.

Suppenwürze als Wintervorrat
Eine gute Suppenwürze, die ähnlich der Maggiwürze verwendbar ist, stellt man sich am besten aus Abfällen her, die sich beim Einwintern der Gemüse ergeben. Von Zwiebeln verwendet man auch die braunen Schalen, vom Lauch die grünen Teile, beides muß reichlich genommen werden. Dann braucht man Sellerie, Möhren, Tomaten, Petersilienwurzeln, Erbsenschalen und möglichst Pilze aller Art. Hierzu können auch Pilze, die wegen ihres zähen Fleisches sonst nicht geschätzt sind, wie Hallimasch, Ziegenlippen usw., selbstverständlich keine giftigen, Verwendung finden. Alles wird sehr klein geschnitten und, mit reichlich Wasser bedeckt, im geschlossenen Topf auf dem Herd mehrere Tage langsam gekocht. Wenn vorhanden, gibt man Suppenknochen dazu, aber es geht auch ohne diese...

Rührei gestreckt
Das uns zugeteilte Trockenei läßt sich mit Vorteil zu Rühreiern verwenden. Man kann die Masse gut strecken mit gebackenen Semmelkrüstchen oder Haferflocken. Will man Haferflocken beifügen, rechnet man 2 gestrichene Eßlöffel auf 1 Ei und 2 gestrichene Eßlöffel Wasser. Man fügt dies gleich zu Beginn beim Anquirlen des Trockeneies bei und läßt die Masse eine Weile stehen, ehe man sie wie gewohnt auf der Pfanne bäckt.

Die hauswirtschaftliche Versuchsstelle von Radio München schlägt vor:
Krafttrunk. Der Krafttrunk ist eine Suppe, die schnell fertig ist. Man gießt in eine große Tasse vier Eßlöffel kaltes Wasser und fügt, während man mit einer Gabel oder einem kleinen Schneebesen tüchtig schlägt — (denn das Trockenei krümelt und klumpt gern) — einen leicht gehäuften Teelöffel Trockenei zu. Man schlägt weiter und füllt mit heißem Wasser auf, und die Suppe ist fertig. Schnittlauch verbessert sie noch. Da wir wenig Brot haben, ist dieses Getränk auch zum Morgenfrühstück zu empfehlen, denn es ist nahrhaft.

Staub im Auge
Wer zwischen Ruinen leben muß, ist der Staubplage besonders ausgesetzt. Beim leisesten Luftzug wird Sand, Mörtel und Ziegelstaub aufgewirbelt, überschüttet die Straßenpassanten und dringt natürlich in die Augen ein, wo er häufig genug Schaden anrichtet. Noch nie war z. B. Bindehautentzündung ein so weit verbreitetes Leiden wie in den letzten Jahren. Gleich beim Nachhausekommen sollte man das Auge durch ein Augenbad säubern und erfrischen.

Der geheimnisvolle Mr. Tenenbaum

...und das schicksalhafte Wort Hühnerfutter

Jetzt drängt sich das Wort Hühnerfutter in die Zeitgeschichte. Es führte zu einer Wende im Leben von Ludwig Erhard. Aber zuerst – und dann immer wieder – muß von Mr. Edward Tenenbaum die Rede sein. Einem Manager der Mark, dem Deutschland viel zu verdanken hat...

Was dieser Mann alles wußte! Der Amerikaner Edward Tenenbaum konnte aus dem deutschen Reichsgesetzblatt von 1942 zitieren, wie wir seinen Notizen entnehmen dürfen. Wir erfahren von ihm, was Kartoffeln kosteten und wieviel Kohle eine deutsche Lokomotive auf 1000 Kilometer brauchte. (24 Tonnen, früher nur 14.) Er kannte sich aus mit den Schwarzmarktpreisen und konnte vorrechnen, was eine Hausfrau wirklich brauchte. Tenenbaum sprach mit den wichtigsten Wirtschaftspolitikern Deutschlands, und sie hörten ihm mit Respekt zu. Denn er beriet die Allerobersten der amerikanischen Militärregierung. Wer war dieser Mann, der so viel für die Währungsreform tun sollte, aber später spurlos verschwunden zu sein schien?

Tenenbaum war ein brillanter Kopf. Und ein sehr europäischer Amerikaner. Seine Eltern kamen aus Polen, lebten schließlich in Wien, in der österreichisch-ungarischen Monarchie. Der Vater, ein Arzt, nahm für Österreich am Ersten Weltkrieg teil. Dann wanderte er aus nach Amerika. Sohn Edward A. Tenenbaum, 1923 in New York geboren, studierte in Genf und an der Yale-Universität in Amerika Wirtschaftswissenschaften und schloß 1942 mit „summa cum laude“ ab, der höchsten und besten Note. Seine

Arbeit „Nationalsozialismus gegen Internationalen Kapitalismus“ wurde als jahresbeste ausgezeichnet. Noch im gleichen Jahr erschien die Studie als Buch. Im Krieg holte man ihn zur US-Luftwaffe. Er wurde zuletzt Captain in Einheiten für „Intelligence“; für Feinderkundung und Nachrichtenauswertung. Sein Lebenslauf vermerkt: Tenenbaum sprach Französisch, Spanisch, Italienisch und Deutsch. Er beherrschte sogar ein bißchen Russisch, was er seine sowjetischen Gesprächspartner allerdings nie merken ließ.

„Ein großer Krieger war er nie“

Sein gefährlichster Auftritt im Krieg: die Überquerung der Mosel mit einem Schlauchboot im März 1945. Der stark kurzsichtige Offizier wäre bei dieser Gelegenheit beinahe erschossen worden. „Ein großer Krieger war er nie“, sagte uns seine Frau Jeanette in Washington. Nach dem Krieg wurde er als Zivilangestellter „Special Assistant“ des Finanzberaters von General Lucius D. Clay, dem Militärgouverneur der amerikanischen Zone. In Tenenbaums Vertrag hieß es in Punkt 6: Er habe als Beobachter die Entwicklung des Finanzwesens in Deutschland und der öffentlichen Meinung über Wirtschaftsfragen zu verfolgen. Daraus wurde seine Hauptaufgabe: Er war es, der die Währungsreform vorbereiten, planen und durchführen sollte. Und die Zahl seiner Aufgaben wuchs, weil der Finanzberater des Gouverneurs, Jack Bennett, zeitweise wegen Krankheit ausfiel.

Die Tenenbaums lebten von 1946 bis 1948 in Deutschland. Sein erstes Kind, die Tochter Anne, ist in Berlin geboren. Auch seine Frau Jeanette war vom Fach, hatte im amerikanischen Finanzministerium gearbeitet. Edward erzählte ihr jeden Abend von seinen deutschen Begegnungen, von den ersten Schritten zur Währungsreform. Eine Aufgabe, die

Ein sehr europäischer Amerikaner: Edward Tenenbaum. „Er verdient ein Denkmal in der deutschen Wirtschaftsgeschichte“, schrieb Alt-Bundeskanzler Helmut Schmidt über ihn.
Foto: Archiv WM.

ihn offenbar Tag und Nacht beschäftigte. Seine Frau war aus naheliegenden Gründen weniger interessiert: „Ich mußte mich doch um das Baby kümmern."

Wie dürfen wir uns Tenenbaum vorstellen? Der Schriftsteller Hans Habe, selbst einmal US-Offizier, beschrieb ihn so: „Ein großer, breitschultriger Mann... Mischung aus Intellektuellem und Sportler." Andere Zeitgenossen schwanken, ob er mittelgroß oder groß gewesen sei. Wir wollen genau sein. Er maß 1,83 Meter.

Als Beobachter besuchte er 1947 in München auch Ludwig Erhard. Der hatte schon eine erste politische Karriere in Bayern und einen ersten Absturz hinter sich gebracht. Nach einem Zwischenspiel in Fürth — die Amerikaner setzten ihn dort als Wirtschaftsberater der Stadt ein — wurde er von Wilhelm Hoegner, dem sozialdemokratischen Ministerpräsidenten Bayerns, zum Wirtschaftsminister ernannt. Erhard gehörte keiner Partei an, in der Öffentlichkeit glaubte man, er neige zur FDP. Wirtschaftsminister in Bayern, das war ein Amt, in dem er damals nicht viel erreichen konnte. Man warf ihm laxe Amtsführung vor, doch er dachte schon über Bayern hinaus. Die Münchner Universität andererseits bemühte sich, Erhard zu halten, und ernannte ihn zum Honorarprofessor. Man wollte seine praktischen Erfahrungen nutzen.

Das Jahr 1947 sah ihn in einem neuen, unauffälligen, aber höchst wichtigen Amt: Er wurde im Oktober Leiter der „Sonderstelle Geld und Kredit" der vereinigten britischen und amerikanischen Besatzungszonen. Das war eine Expertenrunde, ein Sachverständigen-Gremium, das sich nicht nur mit Löhnen und Preisen beschäftigte. Die Sonderstelle entwarf Pläne für die notwendige Reform der Währung, ein Thema, über das Erhard schon im Krieg nachgedacht hatte. Die Sonderstelle tagte in Bad Homburg v. d. Höhe in der Villa Hansa, was Erhard zum Pendler machte. Er war in München gemeldet, zuletzt hatte er für seine Familie ein

Haus in der Marienstraße 10 in Großhesselohe gemietet. Oft wohnte Erhard in Bad Homburg in Hotels, oder er nächtigte in einem kleinen Zimmer neben dem Sitzungsraum in der Villa Hansa. Sein Frankfurter Quartier in den entscheidenden Sitzungstagen: das Hotel „Metropol".

Alles, was mit der Arbeit der Sonderstelle zusammenhing, mußte im Stillen geschehen. Ludwig Erhard zu Tenenbaum: „Wir sind emsig darauf bedacht, daß man von uns keine Notiz nimmt."

Am 20. November 1947 nahm Tenenbaum an einer Sitzung dieses Gremiums teil. Sie begann um 10.30 Uhr und endete erst um 17.30 Uhr. Man hatte viel zu besprechen, obwohl Tenenbaum gleich zu Beginn wissen ließ, daß er inoffiziell hier sei und daß es klüger für ihn wäre, nichts zu sagen. Das Protokoll der Sitzung ist überliefert. Wir fanden es in Amerika. Der Stenograf hat wörtlich mitgeschrieben, dabei auch kleine Sprachstolperer oder Umständlichkeiten festgehalten.

Einer aus der Runde, der Münchner Stadtkämmerer Erwin Hielscher und Vertreter Erhards in der „Sonderstelle Geld", hoffte gleich am Anfang, die Währungsreform sollte so schnell wie möglich kommen.

Tenenbaum: „Ich persönlich kenne das Wort Währungsreform seit Oktober 1945... Ich weiß nicht, wann sie kommt. Sie kommt so schnell wie möglich." Er hatte ein anderes Problem. „Das Wichtigste ist, daß die Währungsreform an die deutschen Verhältnisse angepaßt ist. Das kann die Militärregierung nicht machen, das muß von deutscher Seite gemacht werden..."

Er wollte, daß zur Vorbereitung der Reform deutsche Experten herangeholt würden. Sie sollten die Einzelheiten absprechen, die Abwicklung festlegen.

Tenenbaum: „Darf ich einen Vorschlag zur Diskussion stellen: Wenn wir den Tag X" — den Tag der Reform — „kennen, könnten wir zehn Tage zuvor ein Konzentra-

tionslager eröffnen und die Herren zusammennehmen."
Das Wort Konzentrationslager klang hart und böse. Tenenbaum wollte jedoch nur ausdrücken, daß die Fachleute aus Gründen der Geheimhaltung für eine gewisse Zeit einfach unter Klausur gehalten werden müßten. Wenn die Kardinäle bei der Papstwahl von der Außenwelt abgeschirmt werden und hinter verschlossenen Türen beraten, heißt dies Konklave — und so wurde schließlich die künftige Geheimsitzung der Experten genannt...
Tenenbaum wünschte eine Mitbeteiligung der Deutschen. Erhard war sehr erfreut, diese Idee zu hören. „Ich glaube, unserer aller Befriedigung darüber Ausdruck geben zu können, daß Sie selbst annehmen, daß eine Währungsreform mit Hilfe deutscher Stellen geschieht..." Das würde deutlich machen, daß „dies nicht nur eine Anordnung der Besatzungsmacht ist, sondern daß deutsche Instanzen von vorneherein maßgeblich beteiligt waren. Das gäbe unserer Arbeit natürlich ein ganz anderes moralisches Gewicht..."

Hoffentlich wird gehortet...

Noch ein paar andere Gedanken dieser Sitzung verdienen es, aus der Vergangenheit geholt zu werden. Tenenbaum war optimistischer als der sonst so optimistische Erhard. Der hatte noch Zweifel.
Erhard: „Eine Sorge schlägt bei allen unseren Währungsfragen immer wieder durch, nämlich, wenn man für das neue Geld nichts kaufen kann, dann ist die neue Währung nicht haltbar."
Tenenbaum: „Ich glaube, wenn Sie eine wirkungsvolle Währungsreform suchen, werden Sie erstaunt sein, was die Zukunft geben wird."
Dann sprachen die Herren übers Horten, über die Neigung der Kaufleute, ihre Waren zu verstecken, bis bessere

Zeiten kämen. Erhard formulierte wieder sehr vorsichtig, doch es war klar, was er meinte: Horten ist gut, jedenfalls im Augenblick. Erhard wörtlich: „Ich bin der Meinung, wenn wir jetzt schon annehmen, daß gehortete Lager in größerem Umfang vorhanden sein werden, dann würden wir uns sagen: Hoffentlich bleibt der Mann solange darauf sitzen, bis wir die Währungsreform durchführen, denn dieses Polster wird uns sehr gelegen kommen."

Tenenbaum antwortete knapp, und er stimmte Erhard voll zu: „Das ist eines von den hoffnungsvollen Zeichen, daß die Waren eben gehortet wurden."

In öffentlichen Ansprachen verwahrte sich Erhard „mit dem größten Ernst und mit aller Entschiedenheit auch nur gegen den Schein des Verdachts, als würde ich die Hortung als einen kriminellen Tatbestand billigen oder gar rechtfertigen wollen." Das sagte er mit Vehemenz — aus den Zwischensätzen war jedoch herauszuhören, was er wirklich dachte: Er glaube, verpflichtet zu sein, seine „Bedenken gegen eine über das volkswirtschaftlich berechtigte Maß hinausreichende Entleerung der Lager und gegen die Preisgabe unserer letzten volkswirtschaftlichen Güterreserven anmelden zu müssen... Ich spreche wieder nicht von der Hortung, wenn ich sage, daß eine radikale Lagerauflösung vor der Reform ungefähr der verhängnisvollste Schritt sein würde, den man sich überhaupt denken könnte." Im Klartext: Jetzt nur das Nötigste verkaufen — Vorräte behalten bis zur Währungsreform. Erhard war sehr beeindruckt von Tenenbaum und sagte in einem Interview über ihn: „Ein junger Mann, brandintelligent, wissenschaftlich geschult und getrimmt auf währungspolitische Fragen."

Erhards Karriere nahm plötzlich einen anderen Verlauf, als er es wohl geplant hatte. Die „Sonderstelle Geld" zur Vorbereitung der Währungsreform schien wie für ihn geschaffen. Doch Erhard rutschte Anfang 1948 in ein neues Amt hinein, in die Aufgabe seines Lebens, die ihn berühmt machen sollte. Das Wort, das für ihn die Weichen stellte, hieß Hühnerfutter.

Jetzt muß wieder einmal ein Begriff erklärt werden. In Frankfurt war der Wirtschaftsrat der Bizone entstanden: eine Institution, die vom Osten aus sehr mißtrauisch beobachtet wurde. Was sollte dieses Gremium? Offiziell eine unpolitische Einrichtung, nur mit den anstehenden Sachfragen der amerikanischen und der britischen Zone befaßt, war der Wirtschaftsrat ein Parlament mit Abgeordneten aus den einzelnen Ländern der Bizone, ein Vor-Entwurf des Bundestags, ein Gremium, das zum Fundament der Bundesrepublik werden sollte. Die Amerikaner trieben dies voran — weshalb die Zeitung „Neues Deutschland" in Ost-Berlin höhnte, die Bizone werde zur Kolonie Amerikas.

Im Wirtschaftsrat gab es ein Direktorat der Verwaltung für Wirtschaft — inoffiziell so etwas wie ein Bizonen-Wirtschaftsministerium. Direktor dieses Amtes war bis zum Januar 1948 Johannes Semler, aus Hamburg stammend und Wirtschaftsprüfer in München. Ein blonder, ungemein norddeutsch wirkender Herr, der scharf und hart zu formulieren vermochte.

Am 4. Januar 1948, es war ein milder Winterabend, hielt Johannes Semler in Erlangen vor dem Landesausschuß der CSU dort eine für ihn verhängnisvolle Rede. Er war — nach eigenen Worten — abscheulich erkältet und stockheiser. Das minderte nicht seine Angriffslust. Semler kritisierte vor allem die Politik der Besatzungsmächte. „Wir werden den Engländern abgewöhnen müssen, nach drei Jahren weiterhin die deutsche Wirtschaft auszuplündern." Der Währungsreform sah Semler mit großen Sorgen entgegen: „Wenn es zu einem Zusammenschluß wirtschaftlicher Natur der vier Zonen kommen würde, so würden wir vor wirtschaftlichen Problemen stehen, die ganz ungemein schwierig sind, nicht nur allein von der wirtschaft-

lichen, finanziellen oder verkehrsmäßigen Seite, nein, sondern von der geistigen und psychologischen her."
Auf Seite 10 seines Manuskripts finden sich schließlich diese Sätze über die Hilfe aus den USA und das Wort Hühnerfutter: „Was hat man in den kritischen Frühjahrs-Monaten des Vorjahres für uns getan? Die Importe, die wir damals hätten bekommen können, haben wir leider nicht kaufen dürfen. Man hat den Mais geschickt und das Hühnerfutter, und wir haben es teuer zu zahlen, geschenkt wird es nicht. Wir haben es zu zahlen in Dollar aus deutscher Arbeit und deutschen Exporten und sollen uns noch dafür bedanken. Es wird Zeit, daß deutsche Politiker darauf verzichten, sich für diese Ernährungszuschüsse zu bedanken." Die Niederschrift meldet nach diesem Satz: Lebhafter Beifall.
Eine Klage also, daß die Amerikaner gegen viel Geld die falschen Produkte geschickt hätten. Hühnerfutter, chicken feed, hat jedoch, laut einem amerikanischen Slang-Wörterbuch, noch eine andere Bedeutung: Kleingeld. Wenn einer nur Hühnerfutter erhält, dann heißt es dem Sinne nach auch, er hat viel weniger erhalten als erwartet. Semler kritisierte den alliierten Kontrollrat, der sich über nichts mehr einigen könne, er verlangte eine Währungsreform unter deutscher Verantwortung: „Es darf nicht immer wieder passieren, daß uns diese Dinge als entschiedene Sachen auf den Tisch geflattert kommen und wir dann die Ehre haben, sie auszuführen. Meistens stellen wir dann noch fest, daß sie in der Form gar nicht auf uns passen und in der Art gar nicht bei uns ausgeführt werden können." Starke Worte.
Die deutsche Reaktion war, schrieb die „Süddeutsche Zeitung", „vielfach beifällig". Sie gipfelte in dem Lob: „Endlich sagt einmal jemand die Wahrheit." Semler sei ohne Zweifel „ein populärer Mann" geworden.
Ein Sprecher der Amerikaner in München dagegen schimpfte wütend, die Militärregierung bedauere es, „daß

sich solch ein verdammter Erzlügner im deutschen öffentlichen Leben befinde". Der Militärgouverneur für Bayern, Murray van Waggoner, selbst sagte laut SZ nur unheildrohend: „Echo und Kritik werden, ausgelöst durch chicken feed, ihren entsprechenden Verlauf nehmen."
So war's. Und so kam Hühnerfutter ins Geschichtsbuch. Semlers Rede und das Wort „Chicken feed" landeten auf dem Tisch von General Lucius Clay, dem Militärgouverneur der amerikanischen Besatzungszone, der zugleich oberster Befehlshaber der US-Landstreitkräfte war. In seinen Papieren findet sich folgender Vermerk:
„Semlers Behauptungen sind, wenn sie korrekt wiedergegeben wurden, böswillige (malicious) Lügen und würden seine Entlassung rechtfertigen, obwohl er der kompetenteste der deutschen Direktoren ist." Semler behauptete, die Äußerungen seien aus dem Zusammenhang gerissen. Also müsse die Rede genau überprüft werden.
Das geschah. Mit üblen Auswirkungen für Semler. Er wurde am 27. Januar 1948 entlassen, worauf der Bayerische Landtag ihn als Vertreter Bayerns in den Wirtschaftsrat schickte. Clay griff wieder ein. Semler wurde auch auf diesem Posten durch einen anderen ersetzt.

Ludwig Erhards „Weg in die Zukunft"

Semlers Hinauswurf war Erhards große Chance. Sie kam völlig überraschend. Am 1. März saß er noch ahnungslos im Frankfurter Hotel Monopol, seinem derzeitigen Wohnsitz. Die Familie war in München geblieben. Er trank mit Freunden Bier. Ein Rechercheur der Zeitgeschichte, der Journalist Willi Schickling, hat sogar die Sorte ermittelt: Henning-Bräu. Bei diesem Bier hörte Erhard zum ersten Mal, daß vielleicht ein neues Amt auf ihn zukommen könne. Am 2. März wurde Erhard tatsächlich zum Direktor für Wirtschaft der Bizone gewählt. „Es war das Amt seines Lebens. In ihm hat Erhard Deutschlands Schicksal zu wenden geholfen", schreibt Professor Volker Hentschel, ein kritischer Erhard-Biograph.

Viele, sehr viele auch in der CDU/CSU, glaubten, auch in der Zukunft nicht ohne eine gelenkte Wirtschaft auskommen zu können. Der Staat müsse dirigieren. Ludwig Erhard ließ keine Zweifel daran, daß er ganz anders dachte. So sagte er am 21. April 1948 in einer Rede in Frankfurt über den „Weg in die Zukunft".

- „... werden Sie mir, wie ich hoffe, zustimmen, daß ich meine Aufgabe nicht darin erblicken kann, dieses System der totalen behördlichen Zwangswirtschaft noch zu verfeinern, d.h. in diesem Falle zu verschärfen. Ich will vielmehr umgekehrt überall dort und dann neue Wege und Mittel der Auflockerung anzuwenden suchen, wo dieses Verfahren nicht eine Gefährdung, sondern eine Verbesserung der Ordnung erwarten läßt."
- „Nicht in der Nivellierung des Mangels und der Not, sondern in der gerechten Verteilung eines mählich wachsenden Wohlstandes muß das Heil gesucht werden."

Er wagte, von Wohlstand zu sprechen! Unglaublich für diese Zeit der Armut! Wohlgemerkt: Es war April 1948. Kein Grund, das Ende des Elends kommen zu sehen. Ein Exemplar seiner Rede, mit der Schreibmaschine geschrieben, landete auf dem Ostberliner Schreibtisch von Walter Ulbricht, dem stellvertretenden Vorsitzenden der Sozialistischen Einheitspartei Deutschlands. Er war 1948 ohne Zweifel der kommende Politiker der SED. Ulbricht hat sich viele Stellen der Erhard-Rede rot angestrichen, ein Zeichen, daß er das Manuskript sehr genau gelesen hat. Sein Stift blieb beispielsweise an einem Absatz hängen, in dem Erhard von großen Entscheidungen sprach, die anstünden: der Währungsreform und der Aktivierung des Marshall-Planes. Die Blätter blieben in seinem Nachlaß erhalten.

Niemand im Westen konnte sagen, wann eine Währungsreform kommen und wie sie aussehen würde. Erhard dachte bereits an die Zeit danach. Ulbricht andererseits wußte ein bißchen mehr als die meisten im Westen. Seine Zeitung „Neues Deutschland“ ließ jedenfalls ein großes Geheimnis platzen...

Im Irrgarten der Zwangswirtschaft

Aus der Chronik der Stadt München, 12. April 1948: „Nach Mitteilung von Staatsminister Schlögl" — zuständig für Ernährung in Bayern — „hat die Fälschung von Fett- und Fleischmarken so stark zugenommen, daß die Versorgung der Bevölkerung ernsthaft gefährdet ist. Gegenwärtig sind 67 verschiedene Lebensmittelkarten im Umlauf, so daß sich selbst der Landwirtschaftsminister noch nicht in diesem ‚Irrgarten' auskennt, wie er in einer Rundfunkrede erklärt. Neben 21 Karten für alle Klassen von Verbrauchern gibt es 22 Arten von Zulagekarten, 14 Berechtigungsscheine, 2 Milchkarten, 2 Bezugsausweise für Kartoffeln, 1 Eierkarte und dreierlei Tageskarten. Des weiteren werden Reisemarken ausgegeben. Verschiedene Aufrufe aller Art erweitern noch den Wirrwarr."

Frühling 1948 — in Gramm und Kalorien

In der 114. Zuteilungsperiode, die am 1. Mai 1948 begann, hatten die Normalverbraucher der Westzonen nach den Statistiken des US-Militärgouverneurs Anspruch auf folgende Lebensmittel:

Brot: 10000 Gramm (Bremen 11000 g, französische Zone 9300 g, Bayern 8000 g, in Niedersachsen 7500 g). Nährmittel: Ursprünglich 1500 g, davon werden 500 g für Trokkenfrüchte abgezogen. Bleiben 980 g. Kartoffeln: 9000 g, Fett 400 g, Zucker 1500 g, Fleisch: 100 g, Käse 60 g, Dünnmilch 3 Liter, Vollmilch keine, Trockenmilch 100 g, Fisch: 600 g (in Bayern 300 g), Eier: 5 Stück. Trockenfrüchte: 1000 g, Kaffee-Ersatz 130 g. Insgesamt: 1593 Kalorien (in Nordrhein-Westfalen 1433, in Bayern 1419).

Aktion „Vogelhund"

Tausend Tonnen Geld kommen übers Meer

Heimlich wurde das neue Geld für Deutschland gedruckt und herbeigeschafft. Nur sechs Deutsche wußten Bescheid. Dachten die Amerikaner. Aber dann schlugen sie die Zeitung „Neues Deutschland" aus Ostberlin auf...

Während man verhandelte und hoffte, während Deutsche wie Erwin Hielscher auf eine rasche Reform drängten und Tenenbaum sich unwissend stellte; zu einer Zeit, als über die Einzelheiten der Währungsreform gestritten wurde — da war eine wichtige Entscheidung insgeheim schon gefallen. Der Währungsschnitt sollte nach dem Willen der Alliierten im Sommer 1948 geschehen. Neun Monate würde man benötigen, um die Geburt vorzubereiten. Die Geldscheine mußten erst entworfen, gedruckt und herbeigeschafft werden. So war Edward Tenenbaum bereits im Herbst 1947 beauftragt worden, die Geldscheine in Amerika zu bestellen. Angeblich zur gleichen Zeit begannen die Sowjets, die Wind von allem bekommen hatten, mit dem Druck ihres Geldes.

Auch in den Vereinigten Staaten war die neue Währung Geheimsache. Zur Tarnung wurde verbreitet, es handle sich um Spezialgeld für die Armee. Der Druck wurde an drei Firmen vergeben — und alle mußten Tag- und Nachtschichten einlegen, um die Banknoten rechtzeitig herzustellen. Ein Teil der Auflage wurde mit „B" markiert — Geld für Berlin. Die Kisten mit den Banknoten trafen von Ende 1947 an per Schiff in Europa ein und wurden heimlich in die Gewölbe der Reichsbank verstaut. „Nicht mehr als sechs ausgewählte Personen von den Hunderten, die in dem Gebäude arbeiteten, waren davon informiert, schrieb

Jack Bennett, der Finanzberater des US-Militärgouverneurs. Der Codename der Geheimaktion hieß „Birddog", Vogelhund – das ist ein englischer Jagdhund, spezialisiert auf Enten oder Rebhühner. Das Wort hat jedoch noch eine Nebenbedeutung: Ein „Birddog" kann auch ein Talentsucher sein. Auf den Kisten standen noch gesonderte Kennwörter wie „Doorknob", also Türgriff. Sie zeigten den Inhalt an – welche Art von Geldscheinen in den Kisten verpackt war.

Irgendwer muß geplaudert haben. Das große Geheimnis der Westzonen war in der Ostberliner Zeitung „Neues Deutschland" vom 20. Januar 1948 nachzulesen. Überschrift: „Das neue Westgeld ist da." Das Blatt der Sozialistischen Einheitspartei beschrieb die Vorbereitungen zur Währungsreform in Westdeutschland und ging dann ins Detail: „...Wir können hierzu ergänzend mitteilen, daß am 8. Dezember in Bremerhaven ein US-Dampfer entladen wurde, der Kisten des neuen bizonesischen Geldes an Bord hatte... Am 18. Dezember wurden von dem USA-Frachter ‚Madsket' erneut größere Geldsendungen in Bremerhaven ausgeladen und von dort mit der Bahn nach Frankfurt am Main transportiert."

Der Osten war empört. Offizielle Haltung der Zeitungen: „In der Ostzone hat sich niemals irgend jemand für eine separate Reform ausgesprochen. Im Gegenteil, hier wurde alles unternommen, um eine separate Form und eine Aufteilung Deutschlands zu verhindern."

Das „Neue Deutschland" – oder der Geheimdienst – hatte gut beobachtet. Um ganz exakt zu sein: Bei der Geldsendung handelte es sich um 23000 Holzkisten mit einem Gewicht von 1035 Tonnen. Das wissen wir aus Tenenbaums Notizen. In Deutschland wurden die Behälter mit achthundert Lastwagen und einigen Sonderzügen von Frankfurt aus weiterbefördert zu den Ausgabeorten. „Man sagte", schreibt Tenenbaum, „das sei das größte Transport-

Unternehmen der US-Armee seit der Landung in der Normandie.“ Ein paar Fotos tauchten Jahre danach auf, die schwitzende amerikanische Soldaten zeigen, wie sie, scharf bewacht, die Kisten auf Lastwagen luden. Vorher schon sei Geld gestohlen worden, behaupteten Gerüchte. Clays Finanzberater Bennett und seine Leute stritten das ganz energisch ab. Keine Kiste, kein Geldschein sei verloren gegangen.

Wie hieß denn nun die neue Währung? Aus Abneigung gegen Hitler und sein Geld wollten einige den Namen Mark abschaffen. „Die Zahl der Pläne für eine Währungsreform war fast so groß wie die Zahl der Vorschläge für den Namen“, berichtet Tenenbaum. Und er zählt auf: „Mark, Taler (untergeteilt in 100 Stuber), Batzen, Neumark, Goldmark, Schilling, Warenmark, Kaufmark, Gulden, Banko-Mark, Westmark, Arbeitsmark, Handelsmark und schließlich Deutsche Mark“ — was von Tenenbaum als Arbeitstitel bei Vier-Mächte-Gesprächen vorgeschlagen worden war und beibehalten wurde, weil niemandem etwas Besseres einfiel.

Auf alten Scheinen standen üblicherweise noch die Namen der verantwortlichen Bankdirektoren. Nicht so bei der neuen DM. „Das Geld war bewußt neutral gehalten“, berichtet Tenenbaum in seinen Erinnerungen. „Kein Hinweis auf die Behörde, die es ausgab, keine Unterschrift, keine Zahlungsgarantie. Die Scheine trugen nur den Namen Deutsche Mark und das Wort ‚Banknote‘.“ So etwas hatte es in der Geldgeschichte noch nicht gegeben. Die Anonymität war alliierte Strategie. Tenenbaum: „So konnten wir immer noch versuchen, die Sowjets zum gemeinsamen Handeln zu gewinnen, aber wenn sie dies weiter hinauszögerten, wären wir Mitte 1948 in der Lage gewesen, zu handeln.“

Das neue Geld war da — was sollte damit geschehen? Edward Tenenbaum schien es zeitweise, als hätte jeder Deut-

Die neue Mark — made in USA. Ungewohnt das Format und die bunten Farben der Scheine. Das Geld bewirkte ein Wunder. Plötzlich füllten sich die Schaufenster.
Foto: Bilderdienst Süddeutscher Verlag.

sche eine Idee für die Währungsreform in der Tasche. Viele Fachleute machten mit Eifer Pläne, Vorschläge, verfaßten Denkschriften, gründeten Diskussions-Kreise. Tenenbaum: „Deutschen Behörden wurden sechzig bis achtzig Pläne vorgelegt, die eine ernsthafte Diskussion verdienten. Die Gesamtzahl der ausgearbeiten Pläne wird auf 400 geschätzt.“ Deutsche Historiker kamen nur auf 265 — gleichviel:
„Sicherlich war niemals zuvor eine Währungsreform das Thema von mehr voreiligen, ausgedehnten und weitverbreiteten Debatten“, schrieb Edward Tenenbaum in seinen Erinnerungen beinahe resignierend. „Maßnahmen zur Geldreform werden üblicherweise unter strengstem Stillschweigen entwickelt. Diese Reform war die am lautesten angekündigte der Geschichte.“ Keiner sollte genau wissen,

was kommen würde. Aber sehr viele sagten laut, was kommen sollte. Ihrer Meinung nach.
An Ideen fehlte es nicht. Gerüchte behaupteten, auch Hjalmar Schacht, zeitweise Reichsbankpräsident unter Hitler und angeblich ein Finanzgenie, wäre um Rat gefragt worden. Tenenbaum ist sicher: Das war nicht der Fall — von diesem Mann wollten die Alliierten nichts wissen.

Der bahnbrechende „Plan G"

Die Amerikaner hatten bereits 1945 einen ersten Plan zur Währungsreform ausgearbeitet. Er sah schlicht und einfach vor, die Mark im Maßstab 10:1 abzuwerten. 1946 wurde der Entwurf von einer Arbeitsgruppe erweitert. Ihre wichtigsten Mitglieder waren die Wirtschafts- und Finanzexperten Gerhard Colm, Joseph M. Dodge und Ray Goldsmith. Zwei von ihnen kannten Deutschland schon aus ihrer Jugend: Colm, geboren in Hannover, hatte in München studiert und gehörte einst als Privatdozent der berühmten „Kieler Schule" des Instituts für Weltwirtschaft an. Dann floh er vor Hitler nach Amerika. Raymond Goldsmith stammte aus Belgien und hatte in Berlin promoviert. Hervorragende Experten — für Deutschland wie für die Währung.
Dodge schließlich stammte aus Detroit und war der damalige Finanzberater des Militärgouverneurs. So nannte man das Projekt nach den Namen der geistigen Urheber Colm-Dodge-Goldsmith-Plan. Die Gruppe sichtete alle deutschen Vorschläge sehr genau. Ihr Entwurf, so Tenenbaum, „ähnelte in einigen Einzelheiten dem deutschen Plan G".
Hier müssen wir einhaken. Der „Plan G" verdient genauere Beachtung. Er kam aus München und wird von Tenenbaum oft erwähnt. „Plan G" habe bahnbrechende Wirkung gehabt, weil er die Probleme der Reform aufzeigte. Er sei

einer „der einflußreichsten unter den deutschen Plänen“ gewesen. Denn er setzte Leitlinien „für beinahe alle folgenden Überlegungen, indem er für die Streichung der Kriegsschäden und des Geldüberschusses eintrat wie für einen Lastenausgleich zwischen Geldbesitzer oder Besitzern von Sachwerten und jenen, die alles verloren hatten.“

In den Notizen des Edward Tenenbaum tauchen hier zwei ungewöhnliche Persönlichkeiten auf, beide im Wesen wie im Auftreten nach „Rebellen gegen die Konvention, fast gegen alle Grenzen der Höflichkeit. Sie trugen keine Krawatten, der eine aus Gewohnheit nicht, der andere aus Überzeugung“, lesen wir in Tenenbaums Aufzeichnungen. Ein seltsames Paar. Tenenbaum nennt sie, aber das ist liebevoll gemeint, „cranks“ — das sind eigentlich Spinner, Verrückte. Sie waren besessen von einem Thema: Geldpolitik. Dieses Paar hatte „einen besonders wichtigen Einfluß auf Deutschlands Geschick“. Die beiden waren Erwin Hielscher, der Münchner Stadtkämmerer, der andere Max Schönwandt, ein Wirtschaftsprüfer aus Konstanz und in den Augen Tenenbaums eine byroneske Figur — womit er an den englischen Dichter Byron erinnerte, der für die Welt die Verkörperung von Romantik, Weltschmerz und Ironie war. Beide hatte der Zusammenbruch Deutschlands zusammengeführt, „und sie bliesen die Trompeten für die Wiedergeburt des Landes“. Tenenbaum nennt sie monetarische Verrückte, „denen beinahe das Herz brach“ — so eifrig betrieben sie die Währungsreform. „Und dann sahen sie mit Verzweiflung und Verachtung das unvermeidlich ungenügende Ergebnis.“ Aber jetzt kommt das große Lob, das zeigt, wie hoch Tenenbaum das seltsame Paar schätzte: „Beide verstanden auf ihre Weise die Währungsprobleme des besiegten Deutschland weit besser als die meisten anerkannten und von der Gesellschaft akzeptieren Experten.“

Erwin Hielscher war nicht nur Stadtkämmerer von München und ein wirtschaftlicher Vordenker der Gewerkschaften, sondern unter Ludwig Erhard auch stellvertretender Leiter der Sonderstelle Geld in Frankfurt. Er gilt als der Hauptautor des von Tenenbaum mehrfach zitierten „Plans G": Das war ein dünnes Heftchen, gedruckt beim Richard Pflaum-Verlag in München. Im Zeichen der Papierknappheit nur 63 Seiten stark. Herausgeber: Ein Ausschuß für Wirtschafts- und Finanzpolitik der Münchner Gewerkschaften. Grundlage war eine Skizze, die Erwin Hielscher unter Mitarbeit des Münchner Ministerialrats Richard Oechsle — später bayerischer Arbeitsminister — verfaßt hatte.

Der „Plan G" wollte die Goldmark wieder einführen, den sogenannten Kaufkraftüberhang beseitigen, Opfer von Krieg und Terror entschädigen. Gleichzeitig sollten Eigentümer von Sachwerten durch Vermögensabgaben belastet werden. Und weiter, das klang gut in allen Ohren, verlangte „Plan G" den allmählichen Abbau der nationalsozialistischen Zwangswirtschaft und aller kriegsbedingten Rationierungsvorschriften.

Über die Währungsreform dachte auf der deutschen Seite eine „Sonderstelle Geld" der Bizone nach — zuerst geleitet von Ludwig Erhard. Erwin Hielscher war von Anfang an dabei und übernahm Erhards Aufgaben in der Sonderstelle, als der schließlich Direktor für Wirtschaft wurde. Diese Kommission legte, und Hielscher war immer dabei, den „Plan von Homburg" vor, benannt nach dem Sitz der Sonderstelle, die in eine Villa am Kurpark von Bad Homburg einquartiert worden war. Was dort die Fachleute, angetrieben von den Alliierten, in aller Eile zusammenstellten, war für Hielscher eine „elastische und wirkungsvolle Konzeption". Der offizielle Titel: „Gesetz zur Neuordnung des Geldwesens" — eine Grundlage für die Gespräche mit den Alliierten. Wesentlich und umstritten vor allem die Frage: Wieviel Geld soll frei verfügbar sein, wieviel eingefroren werden?

Hielscher war ein Radikaler, und er wußte Erhard auf seiner Seite. „Ich bin mit Dr. Erhard völlig einer Meinung, daß die härteste Währungsreform die beste ist, auch die sozial beste“, schrieb Hielscher in seinen Erinnerungen.

Die Deutschen sollten hinterher über möglichst wenig Geld verfügen, jedenfalls anfangs. Denn sonst würden sie die wenigen Vorräte, die sicher bei einer Währungsreform zum Vorschein kämen, zu schnell aufkaufen: Und dann wäre das neue Geld wieder nichts wert.

Wie hart sollte der Schnitt sein? Hielscher und Erhard verlangten eine Abwertung von 10 zu 1. Das war anderen viel zu radikal. Die wollten das alte Geld höher bewerten und vielleicht zehn alte Mark gegen fünf oder drei neue Mark umtauschen. Einige wenige plädierten für die Inflation: Die Preise sollten steigen, bis sie dem Warenangebot entsprachen.

Die Währungsreform sollte möglichst schnell geschehen. Ohne sie konnte es keinen wirtschaftlichen Aufschwung geben. Das meinte der Kreis um Hielscher. Die Deutschen waren sich auch darüber keineswegs einig. Einige Zauderer vertraten die Ansicht: Erst müßte die Wirtschaft saniert werden, dann könnte Ordnung ins Geldwesen gebracht werden. Eine Idee, die für Hielscher absurd klang. Er und Erhard waren entgegengesetzter Meinung. Erst die Währung in Ordnung bringen — das war die Voraussetzung für die Belebung der Wirtschaft.

Die Alliierten zögerten aus anderen Gründen. Tenenbaum plaudert in seinen schriftlichen Erinnerungen aus der Schule: „Die Franzosen widersetzten sich einer durchgreifenden Reform, sie wünschten verständlicherweise, daß Deutschland mindestens genau so unter Inflation leiden sollte wie ihr eigenes Land, und sie fürchteten, daß den Deutschen unnötigerweise die Last der Kriegsschulden abgenommen würde.“

Und die anderen? „Etwas überraschend entwickelten sich die größten Meinungsunterschiede nicht bei den Verhandlungen mit den Sowjets, sondern mit den Briten. Zu dieser Zeit war in England gerade die Labour Party an die Macht gekommen. Unsere britischen Kollegen in Deutschland – die meisten konservative frühere Kolonialoffiziere – bemühten sich mannhaft, sozialistische Leitgedanken durchzusetzen. Wir von der US-Militärregierung sahen die Währungsreform als ein Mittel an, Wirtschaftskontrollen loszuwerden, während unsere britischen Kollegen eine Chance sahen, Kontrollen wirksam werden zu lassen und das karge Leben noch karger. Damals waren nämlich die deutschen Butterrationen größer als die britischen, und unsere britischen Kollegen erhielten Zuteilungen wie zu Hause. Die Briten fürchteten eine radikale Reform, weil die weitsichtigsten unter ihnen erkannten, daß dann die Möglichkeit beseitigt würde, die Wirtschaftskontrolle in Deutschland aufrechtzuerhalten."
Aber wir entdecken auch Briten, die schon damals europäisch dachten und Deutschland einschlossen. Ein führender Wirtschaftspolitiker, Sir Walter Layton, legte seiner Regierung diese Gedanken vor: Man dürfe Deutschland nicht verarmen lassen – „das hieße ja, Europas besten Markt zu verderben". Man brauche eine gesamt-europäische Wirtschaftspolitik.

Was Stalin wirklich wollte...

Bei den Sowjets stieß Tenenbaum anfangs auf positives Interesse: „...schien es zunächst, als würden die Sowjets mit dem amerikanischen Plan für eine Währungsreform sympathisieren. (Später übernahmen sie sogar Einzelheiten für die Reform, die in der UdSSR im Dezember 1947 durchgeführt wurde.) Die Vertreter der Sowjets verstanden die praktischen und die theoretischen Probleme einer Währungsreform, weil sie in ihrem eigenen Land dafür mehrfach Erfahrungen hatten machen können." Tenenbaum hörte bei den Gesprächen von den Sowjets „sogar eine ganze Reihe nützlicher Vorschläge. Obwohl wir oft eine gemeinsame Basis mit den technischen Sprechern der Sowjets fanden, sahen wir bei ihren politischen Kommissaren keinen Hinweis auf richtiges Verständnis — bei den Kommissaren, die in Tuchfühlung (at their elbows) saßen, flüsternd, während die Stunden der Vier-Mächte-Verhandlungen vergingen. Es schien, als sei es ihre Aufgabe, sicherzustellen, daß kein ernsthaftes Abkommen erreicht werde. Und da hatten sie Erfolg."

Wollte man keine gemeinsame Währung, keine Einheit Deutschlands? Marschall Stalin, Diktator der Sowjetunion, hatte für seine Welt die Richtung vorgegeben. Er sagte im Januar 1948 zu Milovan Djilas, einem maßgebenden Politiker des neuen Jugoslawien: „Der Westen wird sich Westdeutschland zu eigen machen, und wir werden aus Ostdeutschland unseren eigenen Staat machen." Das wiederholte Stalin auch vor anderen Delegationen aus dem Osten.

Die Bruchstellen waren bereits sichtbar, das bevorstehende Auseinanderbrechen kündigte sich an, das Knacken war sozusagen schon zu hören, der kalte Krieg hatte begonnen.

- Am 15. Dezember 1947 scheiterte eine Außenministerkonferenz der alliierten Siegermächte in London. Man ging zerstritten auseinander, die wichtigsten Fragen über Deutschland blieben offen.
- Wie sollte es weitergehen? Was in Deutschland zu geschehen hatte, bestimmte ein Alliierter Kontrollrat, ein Arbeitsgremium der Militärgouverneure, die mit Befehlen, Anweisungen, Direktiven regierten. Und dieser Kontrollrat stellte am 20. März 1948 praktisch seine Arbeit ein. Der sowjetische Marschall Sokolowskij stand

auf und ging mit den Worten: „Ich finde es sinnlos, die Sitzung fortzusetzen. Sie ist vertagt." Damit war die Tätigkeit des Kontrollrates praktisch beendet. Sokolowskij protestierte gegen die sich anbahnende Zusammenarbeit der Westmächte — wobei alle genau das anstrebten, was Stalin gesagt hatte: Ost und West wollten ihre Besatzungszonen in ihren Machtbereich einbeziehen.

- Und dann der Marshall-Plan! Henry Morgenthau hatte noch vor ein paar Jahren empfohlen, Deutschland in einen Agrarstaat zu verwandeln. Der amerikanische Außenminister George Marshall dagegen entwarf die Grundzüge für ein Hilfsprogramm, das ganz Europa wieder auf die Beine stellen sollte. Im Februar 1948 wurde in London von den Westmächten ausdrücklich beschlossen, daß Westdeutschland in die Hilfe einbezogen werde. Ohne gesunde wirtschaftliche Verhältnisse gebe es keine politische Stabilität und keinen sicheren Frieden. Auch hier Protest der Sowjetunion: Amerika wolle Deutschland kolonialisieren.

Schon im Januar, und dann immer wieder, erschwerten die Sowjets für die Verbündeten die Zufahrt nach Berlin. Nach dem Zusammenbruch des Kontrollrats wurden die Schikanen noch härter. Die Sowjets bestanden darauf, alle Züge nach Berlin zu kontrollieren, General Clay ahnte schon im Frühjahr 1948: Es kommt noch Schlimmeres auf die Zivilbevölkerung zu. Verstärkt wurden Flugzeuge zum Materialtransport eingesetzt — eine erste kleine Luftbrücke entstand.

Noch wurde wenigstens nach außen hin versucht, eine gemeinsame Währung für Berlin zu schaffen. Tenenbaum blendet zurück zu den Anfängen der Gespräche: „Das Problem, das die größten Schwierigkeiten machte und schließlich zum Abbruch der Vier-Mächte-Verhandlungen führte, war die Frage, wer den Druck der neuen Währung praktisch überwachen sollte. Man suchte Kompromisse: „Die

deutsche Staatsdruckerei lag im amerikanischen Sektor von Berlin, gerade jenseits der Grenze zum Sowjet-Sektor. Obwohl wir anboten, das Gebiet dort in eine neutrale Zone unter Vier-Mächte-Kontrolle zu verwandeln, verweigerten die Sowjets ihre Zustimmung. Sie bestanden darauf, daß der Anteil ihrer Zone in einer Druckerei unter ihrer Kontrolle in Leipzig gedruckt werden sollte."
Dieser Gedanke ließ wiederum die westlichen Alliierten schaudern. Sie trauten den Sowjets alles zu. Die Amerikaner hatten ihnen schon einmal die Druckstöcke für alliiertes Militärgeld, also eine Art Behelfswährung für Soldaten, überlassen. Und mußten dann sehen, wie Dollars mit reichlich gedrucktem Militärgeld aufgekauft wurden. Früher oder später, fürchtete Tenenbaum, würden die Sowjets die Druckerei für eigene Zwecke benützen, ohne Genehmigung der anderen Mächte.

Dann wird Ostdeutschland ein fremdes Land ...

Es war offensichtlich. Ost und West würden sich über die deutsche Währung nicht einigen können. Das mußte schwerwiegende politische Folgen haben. Tenenbaum:
„Wir erkannten klar: Vom Tag einer getrennten Währungsreform an würde Ostdeutschland ein fremdes Land werden. Das war auch in Ostzonen-Zeitungen zu lesen. Eine getrennte Währungsreform würde die endgültige und nicht wieder rückgängig zu machende Teilung Deutschlands bedeuten."
Die Spaltung war jedoch bereits vollzogen, die gemeinsame Währungsordnung längst zerstört. Die Deutschen aber hofften weiter. Noch niemals, meinte Hielscher, wurden verschiedene Staaten, die sich zusammenschließen wollten, durch verschiedene Währungssysteme davon abgehalten. „Daß Ostdeutschland und Westdeutschland nicht ausein-

anderstreben, braucht wohl nicht gesagt zu werden. Sobald sie wieder frei zueinander finden können, werden die Geldsysteme sie daran nicht hindern."

Der letzte und gefährlichste Widerstand gegen die geplante Währungsreform kam schließlich aus einer völlig unvermuteten Richtung — aus Washington. Es war Tenenbaums schwerste Krise, von der die Deutschen offenbar nie erfuhren.

Weniger als drei Monate vor dem angestrebten Datum der Währungsreform erhielten die US-Behörden plötzlich eine Mitteilung ihrer Regierung, die „völlige Verwirrung", „complete confusion", auslöste. „Fragen, die längst gelöst schienen... wurden plötzlich neu gestellt. So wurde empfohlen, daß wir weitermachen sollten mit dem Ziel einer einfachen Währungsreform, die nur Banknoten und Bankguthaben betraf, aber alle anderen Probleme wie Gehälter, Preise, öffentliche und private Schulden, Wechsel-Raten, Bank-Reform und Lastenausgleich offenlassen sollte. Die geplante Umstellung im Verhältnis von 10:1 wurde als zu streng kritisiert."

Tenenbaum und seinen Kollegen schien es, „als wäre die Welt eingestürzt. Wir waren zurückversetzt in das frühe Stadium von 1945. All die Diskussionen, die Erfahrungen und das sorgsam aufgebaute Wissen der letzten Jahre, waren nutzlos geworden."

Die Amerikaner in Deutschland baten ihre Kollegen von der Heimatfront, diese Probleme erst einmal mit den Vertretern von Großbritannien und Frankreich in Washington durchzusprechen. Ein Trick: Jetzt würden sie für einige Zeit in Ruhe gelassen werden, hoffte Tenenbaum. So geschah es. Und Clays Stab arbeitete weiter wie bisher.

Ordnung muß sein, gerade im Chaos des deutschen Zusammenbruchs. Eine Währungsreform braucht Gesetze, Richtlinien, Merkblätter, Ausführungsbestimmungen. Das sollten die Deutschen schon selbst erledigen. Tenenbaum hatte bereits angekündigt, was jetzt geschehen würde. Er ließ die wichtigsten Finanzfachleute der Bizone — Bankleute von Ruf — abholen und einsperren. Mit ihrer Zustimmung. Es mußte nur sichergestellt sein, daß Einzelheiten der Beratungen und Beschlüsse nicht nach draußen durchsickerten.

Eine von den alten Kisten, in denen das neue Geld gebracht wurde, steht heute auf dem Dachboden einer Kaserne in der Nähe von Kassel. Genau dort, wo einst Soldaten ihre Wäsche zum Trocknen aufhängten, entstand ein Museum. Denn in diesem Raum wurde im späten Frühjahr 1948 Geschichte geschrieben...

50 Milliarden kreisen...

Aus dem Monatsbericht der US-Militärregierung für Juni 1948 über die Reichsmark-Währung: „Zwischen 1935 und 1945 wuchs der tatsächliche Geldumlauf von 5 Milliarden Mark auf über 50 Milliarden an, und die Bank-Guthaben stiegen von 30 Milliarden Mark auf über 150 Milliarden. Zur gleichen Zeit vermehrten sich die Schulden des Reichs von ungefähr 15 auf 400 Milliarden, nicht mitgerechnet Kriegsschäden und kriegsbedingte Forderungen in Höhe von 300 bis 400 Milliarden. Im Gegensatz dazu verringerte sich der tatsächliche Besitz um ein Drittel von ungefähr 390 Milliarden auf 250 Milliarden. Die Produktion war auf ungefähr die Hälfte des Vorkriegs-Standes gesunken, und das Nationaleinkommen hatte sich bis 1946 von 60 Milliarden auf 25 bis 30 Milliarden verringert, gerechnet nach den Preisen von 1936... Es gibt keine verläßlichen Zahlen über den Wert der Waren, die über den Schwarzen Markt laufen. Es wird geschätzt, daß es sich um 50 bis 60 Prozent der Produktion handelt. Die Tatsache, daß rare, lebenswichtige Artikel für eine kleine Minderheit sofort verfügbar sind, hat eine demoralisierende Wirkung auf die ganze Bevölkerung."

Das Konklave von Rothwesten

49 Tage auf dem Dachboden

Wir betreten mit Respekt den Dachboden einer Kaserne von Rothwesten in der Nähe von Kassel. Hier also war's. Hier entstanden die Gesetze zur Währungsreform, dem einschneidendsten Ereignis der deutschen Nachkriegsgeschichte. Und da steht er ja noch, der 12-Personen-Konferenztisch von 1948...

Alles war höchst geheimnisvoll. Krawattenlos und ohne nähere Angaben verließ Münchens Stadtkämmerer Erwin Hielscher an einem Apriltag im Jahre 1948 seine Wohnung. Er verreiste mit unbekanntem Ziel. Seiner Frau sagte er nur, sie werde ihn längere Zeit nicht sehen. Hielscher fuhr los, um die Reichsmark abzuschaffen. Treffpunkt: Bad Homburg. Die wichtigsten deutschen Geldexperten und Hielscher wurden dort von den Amerikanern abgeholt. Reiseziel unbekannt. Ein Bus mit Milchglas-Scheiben — Kratzen half nichts, es blieb undurchsichtig — brachte die Deutschen „irgendwohin in Bayern". So wurde es angekündigt. In Wirklichkeit waren sie unterwegs nach Kassel. Etwa zehn Kilometer vor der Stadt, in einem ehemaligen Fliegerhorst im Ortsteil Rothwesten der Gemeinde Fuldatal und dort im abgelegensten Gebäude der ganzen Anlage, dort wurden die Weisen der Währungsreform erst einmal kaserniert. Abgesichert durch Stacheldraht und Wachen mit Schießbefehl. „Haus Posen" hieß ihr Quartier, und so heißt der Kasernenbau noch immer.

Ein Bus mit bemerkenswerten Leuten. Die Sachverständigen von Rothwesten kamen größtenteils von jener „Sonderstelle Geld", die unter Leitung von Ludwig Erhard und Erwin Hielscher den „Homburger Plan" zur Währungsreform ausgearbeitet hatte. Ludwig Erhard selbst konnte jetzt, bei den praktischen Fragen der Umstellung, nicht mehr mitreden. Er war zum Direktor für Wirtschaft der Bizone avanciert. An seine Stelle bei der Vorbereitung der Währungsreform rückte Erwin Hielscher, Hauptautor jenes „Plans G“, der den Amerikanern sehr interessant erschien. Erwin Hielscher, Münchens Stadtkämmerer, nuschelte ein bißchen und wurde manchmal „ein mitteldeutscher Hans Moser“ genannt. Aber was er sagte, sagte er klar und energisch. Hinter seinem Wissen steckten schon 1948 Jahrzehnte voller Erfahrung im Bankfach. In Rothwesten war er Sprecher der deutschen Gruppe bei den Beratungen mit den Alliierten.

Und die anderen? Bei den internen Diskussionen übernahm Karl Bernard, Jahrgang 1890, aus Berlin den Vorsitz. Er hatte schon an den Gesetzen zur Bankenkrise der Vor-Hitler-Zeit mitgearbeitet. Noch während der Klausur wurde er zum Vorsitzenden des Zentralbankrats der Bank deutscher Länder ernannt. Aus Stuttgart kam Otto Pfleiderer, der erst kurz vorher zum Präsidenten der Landeszentralbank von Baden-Württemberg berufen worden war. Geboren 1904 in Stuttgart und für die Zeitgenossen sehr gemütlich wirkend, galt er schon vor dem Krieg als hervorragender Bankfachmann, der eine Abhandlung über „Pfund, Yen und Dollar in der Weltwirtschaftskrise“ geschrieben hatte.

Mit 33 Jahren war Hans Möller der Jüngste in Rothwesten: ein Berliner aus München, den ein Foto aus dem Konklave in kurzen Lederhosen zeigt. Bereits mit 27 Jahren hatte er es geschafft, Professor zu werden und dabei politisch unbelastet zu bleiben. Möller gehörte, sagen Kollegen über ihn, zur „jungen Avantgarde künftiger deutscher Nationalökonomen“. In München war er nach dem Krieg beteiligt am Wiederaufbau des Statistischen Amtes. Ein Wissenschaftler mit der Neigung zur Praxis.

Zu den Leuten von der Sonderstelle aus Bad Homburg holten die Alliierten noch einige weitere Experten aus der französischen und der britischen Besatzungszone. Pfleiderer: „Die Sachverständigen waren unabhängige Berater, die nicht an politische Weisungen irgendwelcher Stellen gebunden waren... Die meisten gehörten der Altersgruppe zwischen 40 und 50 an, nur wenige waren älter, einige noch jünger." Die Expertengruppe bat noch um weitere Unterstützung. Auf ihren Wunsch hin holte man die Volkswirtschaftlerin Wilhelmine Dreißig aus Berlin nach Rothwesten. Später wurde diese eine angesehene Professorin.

Im Erdgeschoß des Quartiers der Deutschen, dem Haus „Posen", wohnten Sekretärinnen und Dolmetscher — insgesamt eine Gruppe von 25 Leuten. Im ersten Stock die Schlafräume der Experten, im Stockwerk darüber der ausgebaute Dachboden, wo früher die Soldaten ihre Wäsche getrocknet hatten. Dort waren nun die Arbeitsplätze. Man diskutierte oder diktierte in Gruppen, und man traf sich bei Bedarf an einem großen, etwa acht Meter langen Konferenztisch, der bequem zwölf Leuten Platz bot. Er steht wieder dort — zur Verfügung gestellt von der Hessischen Landeszentralbank, in der er das letzte halbe Jahrhundert überstanden hatte. Die Fenster der kleinen Dachgauben blicken hinaus auf Buchenwälder. Alles in allem eine äußerst bescheidene Unterkunft.

Stacheldraht, Wachposten, karge Räume

Einige wirkten enttäuscht, als sie die Kaserne sahen, erzählte Hans Möller. Denn sie hatten sich Hübscheres erwartet, vielleicht ein Schlößchen in angenehmer Umgebung, wenigstens ein Hotel oder eine komfortable Villa. Und was fanden sie vor?

Auf dem Dachboden einer Kaserne in Rothwesten: Hier berieten deutsche Finanzexperten 49 Tage lang die Gesetze zur Währungsreform. Im Vordergrund ein Foto von Edward Tenenbaum. Ein vergessener Manager der neuen Mark.
Foto: Archiv WM.

„Der Stacheldrahtverhau mit schwerbewaffneten Wachposten an der schmalen Pforte, die öden und karg ausgestatteten Kasernenstuben, Gemeinschaftswaschräume und leere Flure sowie der auf wenige Quadratmeter begrenzte Auslauf waren in der Tat eher geeignet, Depressionen zu erwecken, als die Arbeitslust zu fördern", schrieb Möller. „Obwohl die äußeren Arbeitsbedingungen zunächst sehr ungünstig erschienen, nahm das Konklave nach einigen heftigen Beschwerden bei der Militärregierung bereits am 21. April 1948 seine Tätigkeit auf. Die Wichtigkeit der Aufgabe, die vertrauensvolle und freundschaftliche Zusammenarbeit zwischen den deutschen Experten und wohl auch die Isolierung von der Außenwelt ließen bald eine äußerst angenehme und für den Fortgang der Arbeiten sehr förderliche Atmosphäre entstehen."
Stimmt nicht ganz, wie wir noch sehen werden.
Otto Pfleiderer blieb der Stacheldraht gleichfalls in schlechter Erinnerung. „Um das Gebäude selbst war in einiger Entfernung noch einmal ein eigener Zaun gezogen. An ihm hing eine große zweisprachige Warntafel, deren deutscher Text lautete: ‚Auf Zaunkletterer wird geschossen'. Das Tor zu diesem inneren Zaun war Tag und Nacht streng bewacht." Das Vorhängeschloß dazu wird ein halbes Jahrhundert später als Museumsstück in Rothwesten ausgestellt werden. Pfleiderer: „Jeden Nachmittag durften die ‚Insassen des Konklaves' (wie es intern genannt wurde) einen einstündigen Spaziergang auf dem Flugplatzgelände zwischen dem äußeren und dem inneren Zaun machen, nicht ohne daß sie beim Passieren des inneren Tores vom wachhabenden Posten jedesmal abgezählt wurden. Alle ausgehende Post wurde selbstverständlich zensiert, damit ja keine Nachricht über das, was im Konklave vor sich ging, unkontrolliert nach außen drang."
Auf Erwin Hielscher wirkte Rothwesten gleichfalls „deprimierend". In seinen Aufzeichnungen ist nachzulesen: „Die

Vorbereitungen technischer Art waren höchst unbefriedigend. Immerhin erhielt wenigstens jeder Sachverständige ein eigenes Zimmer, in dem sich zunächst nur ein Feldbett und ein Kasernenspind befanden. Erst nach und nach wurde eine gewisse Ausstattung mit Schreibtischen und sonstigen Möbeln erreicht." Für alle gab es gemeinschaftliche Waschräume mit Becken, die ein bißchen an eine Viehtränke erinnerten.

Alle lobten das Essen. Erwin Hielscher: „...war die Verpflegung, die aus amerikanischen Heeresbeständen erfolgte, für die deutschen Teilnehmer wie ein Märchen aus alten Zeiten". Für die Zubereitung hatte Edward Tenenbaum ein Koch-Ehepaar aus Tirol engagiert. Im Hintergrund soll es Kämpfe um Kopfsalat gegeben haben. Den verlangten die Deutschen, und sie erhielten ihn, auch wenn frischer Salat selbst für Amerikaner nicht leicht zu beschaffen war. Das Essen muß recht gut geschmeckt haben. Hinterher berichtete der „Spiegel", die deutschen Spezialisten hätten in Rothwesten bis zu zwanzig Pfund zugenommen, trotz harter Arbeit. Zigaretten, Kaffee, Alkohol? Wurde in genügender Menge angeboten. Nach einigen Gläsern habe Dr. Pfleiderer dann Rothwesten doch ganz hübsch gefunden, behaupten seine Freunde.

Ein Captain Stroker sorgte für alles, für die Mahlzeiten und das Vorhängeschloß am Eingangstor. Schließlich waren die Deutschen angesehene Finanz-Fachleute und hatten sich freiwillig einsperren lassen.

Was wurde von ihnen erwartet?

Möller schildert das sehr bildhaft: Aufgabe war es, „gewissermaßen über Nacht das gesamte alte RM-Geld" — die Reichsmark — „aus den Portemonnaies, den Kassen, den Tresoren usw. herauszuziehen und durch einen Mindestbetrag an neuer DM zu ersetzen, damit der Zahlungsverkehr und damit das gesamte Wirtschaftsleben durch die Einführung der DM-Währung möglichst wenig gestört wurde."

Gewissensprobleme für die Klausner

Washington, London und Paris hatten bereits die wichtigsten Vorentscheidungen getroffen, und die im Augenblick wichtigste war: Die Währungsreform sollte auf die drei westlichen Besatzungszonen beschränkt werden. Ohne Ostzone. Ein Gewissensproblem für die Klausner von Rothwesten. Walter Dudek, Stadtkämmerer von Hamburg, schrieb im Juni 1948 im „Spiegel“: „Wir standen vor der außerordentlich schweren Frage, ob wir daraufhin unsere Mitarbeit versagen oder vielmehr versuchen sollten, noch das Beste aus der Sache zu machen, was vom deutschen Standpunkt aus möglich war. Wir haben den letzteren Weg gewählt.“

Die Experten wollten, daß mit der Währungsreform ein Lastenausgleich verbunden würde. Die Alliierten waren dagegen. Den Währungsschnitt würden die Militärregierungen verantworten, den Lastenausgleich sollten die Deutschen selbst lösen. Die Besatzungsmächte blieben bei ihrer Haltung, verpflichteten aber die Deutschen, dieses Problem noch bis zum Ende des Jahres 1948 anzupacken.

Dahinter steckte politischer Sprengstoff. Hielscher trat für eine radikale Währungsreform ein. Er wollte verhindern, daß allein die Geldbesitzer „einseitig und brutal enteignet“ würden, während die Besitzer von Sachwerten — von Waren, Immobilien — zu gut abschnitten. Deswegen forderte er einen Lastenausgleich.

Pfleiderer fand: „Trotz dieser doppelten Beschränkung“ — Währungsreform nur im Westen, kein sofortiger Lastenausgleich — „blieb doch noch ein weiter Spielraum für die Fragen, deren Entscheidung noch mehr oder weniger als offen gelten konnte.“ Dazu zählte die Höhe der Kopfquote: Wieviel sollte jeder am Tag der Umstellung bar auf die Hand erhalten? Und was konnten die Banken an „Erstausstattung“ erhalten, für die laufenden Geschäfte? Löhne,

Preise, Mieten sollten ja unverändert bleiben. Nichts durfte geschehen, was das Vertrauen in die neue Währung hätte mindern können.

Die Deutschen mußten vor allem die amerikanischen Vorstellungen dem deutschen Rechtssystem und den technischen Möglichkeiten anpassen. Tenenbaum spöttelte darüber, daß die Amerikaner die Demokratie nach Deutschland brachten und dann die Währungsreform sehr autoritativ durchdrückten. Er kommt dennoch zu dem Schluß: „Zum Guten oder Schlechten — wie man es sehen mag — hatten die deutschen Ansichten doch einen wichtigen Einfluß auf die Reformgesetze, die von der Militärregierung ausgegeben wurden. Sie hatten noch größeren Einfluß auf die Verwaltungspolitik der deutschen Regierung und der Deutschen Zentralbank nach der Reform." Er sah es mit Befriedigung. Der Kurs, der eingeschlagen wurde, war richtig.

In Rothwesten wurde jedenfalls hart gearbeitet, oft sechzehn Stunden am Tag. Und das auch am Wochenende. In Hans Möllers Aufzeichnungen findet sich ein Verzeichnis der bearbeiteten 22 Dokumente:

Die Liste beginnt mit dem „Ersten Gesetz zur Neuordnung des Geldwesens", sie zählt Durchführungsverordnungen auf, weitere Gesetze, Merkblätter für Geldinstitute, Anweisungen über die Auszahlung des Kopfbetrags.

Wie sollte zum Beispiel die Ausgabe des ersten Geldes kontrolliert werden? Nicht jeder Deutsche hatte einen Ausweis. Pfleiderer erinnert sich an einen „etwas skurrilen Vorschlag", der abgelehnt wurde: Die Empfänger des Kopfbetrags sollten mit einer Tätowierung hinter dem Ohr gekennzeichnet werden, und zwar mit einer Farbe, die erst nach 14 Tagen entfernt werden könnte. Man fand eine andere Lösung. Die Ausgabe des Geldes wurde auf den Berechtigungsscheinen für Lebensmittelkarten vermerkt.

Warum Hielscher aufgab

Hielscher sagte seine Meinung eindeutig, oft in scharfer Form. Deshalb geriet er nach eigenen Worten häufig „in Gegensatz zu anderen Sachverständigen". Er arbeitete oft die Nächte durch an Memoranden, denn er sah sich „vor einem der ernstesten Konflikte meines Lebens".

Hielscher: „Der Währungsentwurf der Alliierten weist nach meiner Auffassung verschiedene schwere Mängel auf." In mancher Hinsicht war er für Hielscher zu optimistisch, in anderer zu unverbindlich. Seine Hauptkritik: Es fehle jede Koordinierung mit der Lohnpolitik, der Finanzpolitik und der Kreditpolitik. Er verlangte eine „unsentimentale Notenbankpolitik" — die ganze Geldwirtschaft schien ihm zu verzettelt.

Besonders die Freiquote regte ihn auf. Schon für die nächste Generation ein fremder Begriff. Die Deutschen sollten nicht nur eine Kopfquote, das heißt Geld auf der Hand, erhalten. Ein Teil ihres Bankkontos, etwa ein Zehntel, sollte frei verfügbar sein. Das war die Freiquote. Zuviel neues Geld — daraus entstand für Hielscher die Gefahr einer schnellen und überstürzten Preissteigerung, mit all ihren Konsequenzen auf die Lohnpolitik und auf den sozialen Frieden. Die Freiquote behindere die Währungspolitik, gefährde die Preisentwicklung und erschwere „die Überbrukkung der sozialen Bedrängnisse." Was die Preise betrifft — da behielt Hielscher recht.

Mit seinen Ansichten konnte er sich nicht durchsetzen. So beschloß der Münchner auszusteigen, vorzeitig seine Mitarbeit in Rothwesten einzustellen. Er vertrug sich dabei eher mit Tenenbaum als mit seinen Kollegen, wie ein Satz seiner Erinnerungen deutlich erkennen läßt. „Der Abschied von den deutschen Sachverständigen war, von einigen Ausnahmen abgesehen, frostig." Hielscher zog sich nach Hause zurück und schrieb seine Erfahrungen auf. Er hatte versprochen, bis zur Währungsreform zu schweigen. Deshalb übergab er schließlich sein Manuskript dem Münchner Pflaum-Verlag in einem verschlossenen Umschlag. Daraus wurde noch 1948 ein Buch: „Leidensweg der deutschen Währungsreform".

Hielscher hielt, wie wir in seinem Buch lesen, sehr viel von Tenenbaum: „Das deutsche Volk würde sich keinen Dienst erweisen, wenn es die Währungsmaßnahmen der Alliierten und besonders die strenge geldtheoretische Ansicht des Herrn Tenenbaum als deutsch-feindlich ansehen wollte. Ich möchte bezeugen, daß Tenenbaum nichts anderes will, als was auch ich wollte: die Wiederherstellung geordneter Geldverhältnisse um jeden Preis." Der junge Amerikaner schätzte Hielscher nicht minder. Lange nach der Währungsreform besuchte er ihn zweimal in München.

Tenenbaum hinterließ auch bei den anderen den besten Eindruck. Otto Pfleiderer: „Der wichtigste Sprecher auf seiten der Militärregierung war Edward Tenenbaum, ein noch junger Mann, der sich seit Jahren praktisch hauptberuflich mit allen Fragen, die mit der Reform der deutschen Währung zusammenhingen, befaßt hatte."

Hans Möller: „In den 49 Tagen, die das Konklave dauerte, fanden an etwa 20 Tagen Besprechungen mit den Vertretern der Militärregierungen statt, wobei die Hauptarbeit auf alliierter Seite von Tenenbaum getragen wurde. Die Vertreter Frankreichs und Englands traten eher in den Hintergrund."

Möller sah ein „glückliches Zusammenspiel zwischen Alliierten und Deutschen". Sie fühlten sich bei der Arbeit in Rothwesten „als aufeinander angewiesene Partner, aber teilweise auch als Angehörige der gleichen wissenschaftlichen Zunft der Ökonomen".

Tenenbaum war der einzige, der alle Sprachen beherrschte, die in Rothwesten gesprochen wurden: Englisch, Französisch und Deutsch. Jahre darauf gestand er: „Wenn behauptet wird, ich hätte meine Position als Übersetzer ausgenützt, meinen Kollegen amerikanische Ansichten einzureden, so darf ich heute sagen, daß diese Behauptungen richtig sind.“

Zum Abschied ein kleines Feuer

Die deutschen Sachverständigen hatten die Absichten der Alliierten in eine deutsche Gesetzessprache gebracht und versucht, möglichst viele ihrer Einwände durchzusetzen. Selbst wenn das Zusammenspiel bei den Detailfragen glücklich gewesen ist — einverstanden waren die Experten mit dem Gesamtergebnis ebenso wenig wie Hielscher. In einem Abschiedsbrief vom 8. Juni schrieben sie wörtlich:

„Die Ausarbeitung der Entwürfe bedeutet nicht, daß die darin vorgesehenen Maßnahmen inhaltlich in allen wesentlichen Punkten die Zustimmung der deutschen Sachverständigen gefunden hätten. Ihrer Meinung nach hätten vielmehr die Besonderheit der deutschen Verhältnisse unter politischen, sozialen und wirtschaftlichen Gesichtspunkten eine wesentlich andersgeartete Lösung verlangt.“

Sie baten in ihrem Brief vorsichtshalber um eine Art Persilschein, wie man damals Briefe und Bestätigungen nannte, die den Betroffenen von aller Schuld reinwuschen — wohl für den Fall, daß etwas schieflaufen sollte. Sie schlugen dazu folgende Formulierung vor:

„Die drei Besatzungsmächte tragen für die Grundsätze und Methoden der Geldreform in ihren Zonen die alleinige Verantwortung. Deutsche Sachverständige wurden auf Wunsch der Militärregierungen und der deutschen politischen Stellen hinzugezogen, doch konnte ihre Arbeit im Ergebnis fast nur in technischer Hinsicht zur Geltung kommen. Alle sachlich wesentlichen Gegenvorschläge der

deutschen Sachverständigen mußten nach sorgfältiger Prüfung durch die zuständigen Stellen der drei Besatzungsmächte schließlich abgelehnt werden, da die Militärregierung die Verantwortung für deren Verwirklichung nicht glaubte übernehmen zu können."
Die Teilnehmer von Rothwesen verabschiedeten sich aus ihrer Klausur mit einem kleinen Feuer, das sie nicht ohne Rührung sahen. Verbrannt wurden alle Unterlagen und Papiere. Zunächst blieb alles streng geheim. Zur Belohnung war ihnen versprochen, sie dürften das neue Geld als erste sehen. Man führte sie in Frankfurt vor die verschlossenen Kisten. Doch ein Wachoffizier weigerte sich, sie zu öffnen. Das war eine Anweisung aus Washington. Aus und Schluß.
Die Klausur war zu Ende. Draußen wurde weiter diskutiert. Die wichtigsten Wirtschaftspolitiker wurden am 15. Juni 1948 gleich zweimal zu einer Besprechung mit den Militärgouverneuren gebeten. Alles wieder streng geheim. Der „Spiegel" berichtete hinterher, die Sitzung habe im Raum 130 des Frankfurter IG-Hochhauses stattgefunden, und die Türe sei in dezentem Grau gestrichen gewesen. Und man habe an einem kleinen runden Tisch beraten. Vor uns die Aufzeichnung von Karl Bernard, dem Vorsitzenden des Zentralbankrats der Bank deutscher Länder: „In der ersten Besprechung wurde von alliierter Seite mitgeteilt, daß leider eine Einigung unter den Alliierten über die Einzelheiten der Währungsreform noch nicht erzielt worden sei." In der zweiten Sitzung wollte General Lucius D. Clay noch einmal die Meinung der Deutschen über einige Kernfragen, zum Beispiel über die Höhe der Kopfquote hören: jenen Betrag, der bar ausgezahlt werden sollte. 30 Mark oder 60 Mark bei einer Auszahlung von zwei Teilbeträgen. Davon hing wiederum die Auszahlung oder Blockierung des Geldes ab, das auf Bankkonten festlag. Karl Bernard: „Da General Clay zu einer anderen Be-

sprechung mußte, standen für die Beratung 8 Minuten zur Verfügung."

Jetzt wurden Gegensätze sichtbar: Erhard sprach sich für das höhere Handgeld aus. Bernard war dagegen: „Ich erklärte, daß währungspolitisch eine Kopfquote von 60 Mark kaum vertretbar wäre."

Stand die Währungsreform unmittelbar bevor? Noch waren sich die drei westlichen Besatzungsmächte nicht einig. Washington hatte in letzter Minute Einwendungen erhoben, die — so Clay — „wie eine Bombe einschlugen". Umstritten war der Umrechnungsfaktor der neuen Mark. Sollte eine Mark dreißig Cent wert sein, wie Clay es vorsah? Oder nur zehn Cent, wie Washington dies wollte? Die Franzosen und die Engländer hatten weitere Einwände. Noch am 15. Juni mußte Clay auf die Frage eines deutschen Politikers, ob es denn jetzt soweit sei, ausweichend antworten: „Ich glaube ja. Heute abend oder morgen früh werden wir endgültig Bescheid bekommen." Am 16. Juni endlich erfuhren die Politiker der Bizone aus dem Mund des britischen Generals Sir Brian Robertson, daß die entsprechenden Gesetze am Freitagabend, 18. Juni 1948, verkündet würden.

Nun brauchte Erhard sehr rasch Vollmachten, um die Währungsreform — wie immer sie aussah — wirksam werden zu lassen.

Tenenbaum verdient ein Denkmal

Was wurde aus Edward Tenenbaum? Er kehrte 1948 nach Amerika zurück, arbeitete für den Marshall-Plan und betreute die Währungsreform in Griechenland. 1975 kam er bei einem Autounfall ums Leben.
Was haben die Deutschen ihm zu danken? Für den amerikanischen Historiker David Schönbaum, Iowa, ist er der „Ziehvater der D-Mark". Tenenbaums unveröffentlichte Erinnerungen — aus denen hier zitiert wird — gehörten „zu den anregendsten Betrachtungen zur deutschen Währungspolitik". Von Alt-Bundeskanzler Helmut Schmidt, der als Student eine Diplomarbeit über die Währungsreformen in Deutschland und Japan geschrieben hat, stammt eine besonders schöne Würdigung: „Einer der Köpfe, die hinter der deutschen Reform steckten, der junge Amerikaner Edward A. Tenenbaum, ist, sehr zu Unrecht, kaum in das Bewußtsein der Deutschen gedrungen. Er war das intellektuelle Bindeglied zwischen amerikanischer Militärregierung und deutschen Fachleuten. Er verdient ein Denkmal in der deutschen Wirtschaftsgeschichte." (Aus dem Buch „Menschen und Mächte")

Haus „Posen" — jetzt ein Museum

Geschichte ganz nah: Aus jenem Dachboden im Haus „Posen", wo einst die deutschen Finanzexperten in Rothwesten tagten, ist ein Museum der Währungsreform geworden mit vielen Dokumenten, Bildern und Erinnerungsstücken aus der Zeit. Mit großer Liebe aufgebaut von Alfons Kössinger, wird die Sammlung ständig erweitert. Besuche jederzeit willkommen — aber nur nach Anmeldung. Anschrift: Museum „Währungsreform 1948", Fritz-Erler-Kaserne, Fuldatal-Rothwesten bei Kassel. Tel. 0561 878018 oder 0561 3195304.

Die große Debatte in Frankfurt

„Einen kranken Mann ins kalte Wasser schmeißen…“

War jetzt ein „Stahlbad“ der Preise zu befürchten? Sollte ein „Ermächtigungsgesetz“ für Ludwig Erhard erlassen werden? Wörter aus der Kaiser- und der Hitler-Zeit. Sie wurden ausgesprochen, als westdeutsche Politiker in der Nacht zum 18. Juni 1948 in Frankfurt über die kommende Währungsreform diskutierten. Eine historische Debatte: Große Sorgen contra große Hoffnungen. Und Ludwig Erhard plante einen Coup.

Angstkäufe, Hysterie. Schwer erträgliche Spannung. In dieser Situation trat am 17. Juni eilig der Verwaltungsrat für Wirtschaft, der Vorläufer des Bundesparlaments, im Großen Börsensaal von Frankfurt zusammen. Das Gebäude — Sitz der Industrie- und Handelskammer — war im Krieg ziemlich beschädigt worden, konnte aber teilweise noch benutzt werden.

Erhard plante, ohne es zu sagen, ein Attentat gegen die Allmacht der Alliierten, einen Verstoß gegen ihre Gesetze, eine Eigenmächtigkeit, einen Coup — wenn wir darunter eine überraschende, unerwartete, schnelle, sich über alle Regeln hinwegsetzende Handlung verstehen.

Auf sein Drängen hin sollte ein „Gesetz über Leitsätze für die Bewirtschaftung und Preispolitik nach der Geldreform“ beschlossen werden. Ein harmloser Titel.

Erhard wußte, der Währungsschnitt, die große Reform, würde in 24 Stunden verkündet werden. Er wußte auch: Die neue Mark würde sich nur durchsetzen, wenn man für dieses Geld sofort Waren aller Art kaufen konnte. Hervorgeholt aus Hamsterlagern. Deswegen wollte er freie Hand für die Aufhebung der Bewirtschaftung. Bei der Debatte über das Gesetz hatte Ludwig Erhard, Direktor der Verwaltung für Wirtschaft, als erster das Wort:

„Es kann also — und ich glaube, auch darüber dürfte sogar in diesem Hohen Hause Einmütigkeit bestehen — der Weg nur dahin gehen, wieder zu freieren marktwirtschaftlichen Formen zurückzufinden, den Zwang, der das einzelne Individuum, den Verbraucher, vom Konsumenten bis zum Produzenten hin täglich gepeinigt hat, wieder aufzulösen und an die Stelle dieses Zwanges wieder die Verantwortung, das Verantwortungsbewußtsein, die Leistung und den Leistungswillen zu setzen."

Erhard entwickelte seine These. Erst sei ein „Enthortungsstoß" und dann eine „Enthortungsbewegung" zu erwarten. Schwierige Begriffe mit einem einfachen Hintergrund. Die Kaufleute würden, von neuem Geld gelockt, ihre gehorteten Waren verkaufen, ihre Bestände abbauen. Dann käme Geld in Umlauf, und das steigere wiederum das Einkommen und die Güterproduktion.

„Aus diesem Grund bin ich auch der Meinung, daß nicht nur hinsichtlich der Preispolitik, sondern auch hinsichtlich der Bewirtschaftung wesentliche Lockerungen Platz greifen können."

In den Augen Erhards sollte das Geld der einzige Bezugsschein sein. Daneben dürfe es nicht noch andere von Behörden festgesetzte Verteilungsschlüssel geben. Er lehnte die strenge Bewirtschaftung ab. „Ein solches Verfahren ist ein Ding der Unmöglichkeit. Hier gibt es dauernd Konflikte, Kompensationen, Schwarzhandelsgeschäfte, Kontingente usw., ohne daß die geringste Notwendigkeit oder das Bedürfnis für eine solche Übung vorläge."

Er sagte noch einmal,was ihm vorschwebte: „Ich bin der Meinung, man sollte für eine gewisse Übergangszeit auch auf diesem Gebiet mit lockerer Hand verfahren und nur noch gewisse Dinge unter staatlicher Kontrolle halten, diese Kontrolle aber so locker wie möglich gestalten. Man soll sie freigeben, wenn sich zeigt, daß solche Kontrollen überflüssig sind."

Erhard forderte die „freie Konsumwahl", und er sah weiter in die Zukunft: „Wenn wir diesen Weg gehen, was können wir dann noch tun? Wir können den individuellen Bezugsschein verschwinden lassen und die örtlichen Wirtschaftsämter zur Auflösung bringen..." Er wurde noch schärfer: „Diese Institutionen haben die Menschen gedemütigt, entwürdigt und getrennt und haben damit zu einer Spaltung unserer Gesellschaft und unserer Wirtschaft geführt. Das hat, möchte ich sagen, fast ein staatspolitisches Chaos geschaffen. Denn die Kluft zwischen Staat und Volk ist durch diese Einrichtungen breiter und tiefer geworden als durch alle anderen Maßnahmen zusammengenommen." Das stenographische Protokoll der Sitzung meldet Zwischenrufe und die Richtung, aus der sie kamen: „Sehr gut. Rechts."

Planung und Lenkung seien angebracht, wenn es um große Dinge, um Gesamtfaktoren gehe. Er lehne dieses Lenken jedoch „radikal ab, wo es den einzelnen Staatsbürger von früh bis abends als Konsumenten oder Produzenten quälen will."

Mußte das in einer Zeit der Lebensmittelkarten und der Bezugsscheine nicht verlockend klingen? Deutschland gehörte 1948 sicherlich zu den ganz armen Ländern der Welt. Es gab so viele Menschen, die alles verloren hatten, aber es gab auch Glückliche, die Waren, Maschinen, Grundstücke besaßen. Lockere Kontrolle, Freigabe, keine Bewirtschaftung, das war in den Augen der Opposition viel zu riskant. Vor allem zwei Journalisten sprachen für die SPD. Der eine war Gerhard Kreyssig aus München, Redakteur der „Süddeutschen Zeitung" — der große wirtschaftspolitische Gegenspieler Erhards. Ein Mann, der wahrscheinlich Wirtschaftsminister geworden wäre, hätte

die SPD es zu einer Mehrheit gebracht. Kreyssig trat im Wirtschaftsrat gleich nach Erhard ans Rednerpult:
„Aufgrund der Mangel-Lage ist es eine undenkbare Situation, in Deutschland das freie Spiel von Angebot und Nachfrage in die Praxis umsetzen zu wollen. Wenn Sie es tun, dann führt es zwangsläufig dazu, daß die Ärmsten, die am wenigsten haben — und das sind wieder eben diejenigen, die arbeiten, um dieses Sozialprodukt zu schaffen — am allerschlechtesten dabei fahren werden."
Es bahne sich ein „Stahlbad der freien Preise an". Jeder wünsche das Ende der Zwangsbewirtschaftung. Aber Zwangsbewirtschaftung und Planwirtschaft seien nicht das gleiche.
„Wir stehen nach wie vor auf dem Standpunkt, daß die Wirtschaft nur in Gang gesetzt werden könnte durch eine systematische Planung und durch eine ebenso systematische Lenkung aller notwendigen Bedarfsgüter in Deutschland." Kreyssig ergriff in der Debatte ein zweites Mal das Wort, um noch deutlicher zu werden:
„Es ist meinem Gefühl nach ein überaus fragwürdiger Schritt, einen todkranken Mann ins kalte Wasser zu schmeißen, und die deutsche Wirtschaft ist ein todkranker Mann seit drei Jahren. Den wirklichen Umfang der Krankheit und das Restchen von Pulsschlag, das diese kranke Wirtschaft noch hat, werden wir am Tag der Währungsreform sehr deutlich feststellen können." Er malte das Bild weiter aus: „Es soll nämlich schon vorgekommen sein — und dafür ist das Schicksal ganzer Völker und der Ablauf der Konjunktur und der Wirtschaft in vielen Ländern ein Maßstab —, daß der kranke Mann, der ins Wasser geworfen wurde, einen Schlaganfall gekriegt hat und abgesoffen ist."
Der nächste Journalist, der gegen Erhard auftrat, war Erwin Schöttle, Mitgründer der „Stuttgarter Nachrichten", Haushaltsexperte und Fraktionschef der SPD im Wirt-

schaftsrat. Schoettle bemängelte, „das vorliegende Gesetz sei eine Sammlung von schönen Grundsätzen, die zu nichts verpflichten. Man kann auch sagen, es ist ein Leitartikel, der in jeder besseren Zeitung stehen könnte, es braucht noch nicht einmal eine bessere zu sein."

Der Inhalt des Gesetzes sei dürftig und nur in einem Punkt völlig klar. „Es gibt dem Direktor der Verwaltung für Wirtschaft so weitgehende Vollmachten, daß kein Parlament, welches etwas auf sich hält, sie unbesehen hinnehmen und ohne entschiedene parlamentarische Kontrolle akzeptieren kann."

Auch die SPD verabscheue Zwangswirtschaft. „Wir sind nur anderer Meinung bezüglich der Mittel und des Tempos, mit deren Hilfe man von dieser Zwangswirtschaft wegkommen kann. Es will uns manchmal scheinen, als ob gewisse Herren hier den Ehrgeiz hätten, die gefährliche Kurve, in die die deutsche Wirtschaftspolitik nach der Reform geraten wird, mit einer Stundengeschwindigkeit von 120 km zu durchfahren und im größten Gefahrenpunkt noch Vollgas zu geben." Das Protokoll vermerkt als Zwischenruf: „Mit so einem Chauffeur!" Schoettle faßte zusammen: „Die sozialdemokratische Fraktion ist nicht in der Lage, diese Haltung mitzumachen."

Die Leitsätze wurden mit 50 gegen 37 Stimmen angenommen. Sie mußten dann noch von den Vertretern der Länder gebilligt werden. Auch von den Alliierten? Erst um 4.15 Uhr ging die lange Nacht von Frankfurt zu Ende. Noch ungefähr 12 Stunden bis zur Verkündung der Währungsreform. Nicht alle Sozialdemokraten im Lande waren gegen Erhard. Erwin Hielscher erzählte: „Ich bin stolz darauf, daß ich ihn" — Erhard — „in einer Unterhaltung ausdrücklich ermutigt habe, den Sprung ins kalte Wasser zu wagen."

Was war überhaupt beschlossen worden? Ein Gesetz mit einer sehr üppigen Einleitung: „Aus dem Zusammenbruch der Kriegswirtschaft hat sich ein Zustand ergeben, der die wirtschaftlichen Energien gelähmt, sie in eine dem Gemeinwohl schädliche Richtung gelenkt hat und zu großen Ungerechtigkeiten geführt hat. Die Geldreform soll diese unheilvolle Entwicklung überwinden helfen, indem sie die natürliche Beziehung zwischen Leistung und Gegenleistung wiederherstellt... Das aus der Vergangenheit stammende, kaum noch wirksame Zwangssystem kann daher, insbesondere unter Berücksichtigung des anlaufenden Marshall-Planes, aufgelockert, der Markt stärker zur Steigerung der Wirtschaftlichkeit in Erzeugung und Verteilung eingesetzt werden." Der Schutz der wirtschaftlich Schwächeren sei zu gewährleisten.

Wegen solcher Sätze hatte Erwin Schoettle also das Gesetz einen schlechten Leitartikel genannt! Das Wichtigste für Erhard stand in Artikel II des Gesetzes. Der zuständige Direktor werde beauftragt, im Rahmen dieser Leitsätze die erforderlichen Maßnahmen auf dem Gebiet der Wirtschaft zu treffen und die Waren oder Güter im einzelnen zu bestimmen, die von den Preisvorschriften freigestellt werden sollen." Mit anderen Worten: Freie Hand für Erhard. Zwar wurde ihm ein fünfköpfiger Kontroll-Ausschuß zur Seite gestellt, doch Erhard brauchte sich nur auf ausdrücklichen Wunsch beraten zu lassen.

Die Richtlinien, auf die es ankam, standen in der Anlage und waren kurz und klar. Denken wir daran, daß 1948 noch die Zeit einer Zwangswirtschaft war!

Jetzt legten die Leitsätze fest:

- „Der Freigabe aus der Bewirtschaftung ist vor ihrer Beibehaltung der Vorzug zu geben."
- „Der Freigabe der Preise ist vor der behördlichen Festsetzung der Vorzug zu geben."

Hauptnahrungsmittel und Rohstoffe würden weiterhin bewirtschaftet. Die Preise für diese Güter seien behördlich festzusetzen.

Die Vollmachten für Erhard waren auch der Presse nicht recht geheuer. Die „Süddeutsche Zeitung“ überschrieb ihren Bericht über die lange Nacht von Frankfurt mit den Worten: „Ein wirtschaftliches ‚Ermächtigungsgesetz‘ — Weitgehende Vollmachten für Dr. Erhard“. In der „Frankfurter Rundschau“ konnte man am 19. Juni lesen: „Bedenkliche Wege im Wirtschaftsrat... Wir haben schlechte Erfahrungen in Deutschland gemacht mit solchen Blankovollmachten.“

Ermächtigungsgesetz — das klang den Zeitgenossen übel in den Ohren, hatte doch damit Hitler im März 1933 das Parlament ausgeschaltet und seiner Regierung diktatorische Vollmachten gegeben. Ein böses Wort.

Der Präsident des Wirtschaftsrates, Erich Köhler, dachte aus anderen Gründen an die Nazi-Zeit: „Mit der bevorstehenden Währungsreform fallen die letzten Schleier von der Hinterlassenschaft eines zwölfjährigen verbrecherischen Regimes. Es muß in dieser Stunde vor unserem Volk ausgesprochen werden, daß die härteste Währungsreform, die je eine Nation der Geschichte über sich ergehen lassen mußte, die unmittelbare Folge des Naziregimes ist.“

Die Abgeordneten konnten ausschlafen. Erst am Abend des 18. Juni, als die Banken geschlossen hatten, übertrug der Rundfunk eine Ansprache von Jack Bennett, dem ranghöchsten Finanzberater von General Clay. Er kündigte die Währungsreform an und erläuterte ihre Vorgeschichte:

„Nicht alle deutschen Vorschläge konnten berücksichtigt werden. Die Militärregierungen mußten die letzten Entscheidungen treffen, denn sie hatten ja die letzte Verantwortung. Die Neuordnung der Währung erfolgt ja einheitlich für drei Zonen, und es ist noch kein deutsches Organ vorhanden, das Gesetze für alle drei Zonen erlassen könnte.“ Vereinigt waren nur das britische und das amerikanische Besatzungsgebiet — das französische schloß sich der

Reform an. Dann sagte Mr. Bennett den Deutschen sehr genau, was sie am Sonntag zu tun hatten:
„Zunächst einmal ist das Wichtigste, daß Sie diesen Sonntag sechzig Mark alten Geldes für jedes Mitglied ihrer Familie zur Lebensmittelkartenstelle bringen. Dort erhalten Sie unmittelbar vierzig neue Deutsche Mark. Weitere zwanzig werden Sie ungefähr in einem Monat von den gleichen Stellen erhalten. Zwischen Montag und Freitag der kommenden Woche müssen alle weiteren Altgeldbeträge bei den Banken abgeliefert und Bank- und Sparguthaben angemeldet werden. Bevor nicht jeder sein Geld abgeliefert oder angemeldet hat, wird niemand erfahren, wie diese Gelder und Guthaben behandelt werden, damit keinerlei unrechtmäßige Manipulationen möglich sind."
Jack Bennetts Schlußwort sollte alle ein bißchen trösten: „Mit der Beseitigung des alten Geldes, das die Wirtschaft vergiftet hat, beginnt Deutschlands Gesundung."
In der Pressekonferenz um 18 Uhr im IG-Farben-Hochhaus stellte sich ausnahmsweise auch Edward Tenenbaum den Journalisten. Versehentlich wurde er in einem Zeitungsbericht Tannenbaum genannt. Er berichtete unter anderem, daß keine Banknote verschwunden sei. Ein Journalist stellte die vorausschauende Frage, wie es denn mit der Geld-Umstellung in der sowjetischen Zone aussehe. Ein Problem, das der Welt noch zu schaffen machen würde. Reporter zitierten nur eine knappe Antwort: „... äußerte Mr. Tannenbaum, daß die Türe für eine vierzonale Währungsreform nicht geschlossen sei."

„Wartezimmer zur Hölle"

Jetzt brach erst einmal wilder Reiseverkehr los. In München fand gerade die zweite Internationale Jugendkonferenz statt. Mit dabei als Reporterin für die „Neue Zeitung"

in München die junge Journalistin Hildegard Brücher, die große Karriere in der FDP machen würde. Sie meldete ihrer Zeitung: „In Eile wurden Koffer, Rucksäcke und Bündel geschnürt, stündlich liefen dringende Telegramme besorgter Eltern ein — die Währungsreform wurde in dem Augenblick proklamiert, als die Sonnwendfeuer angezündet waren und das ‚Lied an die Freude' die 9. Symphonie von Beethoven beendete." Alles hatte sonst geklappt, sogar die Münchner Straßenbahner waren „um ihrer ausgesucht höflichen Umgangsformen nicht wiederzuerkennen". Die Ausländer sahen dennoch deprimiert. wie man in München lebte: „Ein Wartezimmer zur Hölle", sagte ein dänischer Journalist zu Hildegard Brücher.
Auf dem Münchner Hauptbahnhof begann am Freitag der stärkste Reiseverkehr seit Kriegsende. Man wollte nichts wie heim, um die Kopfquote in Empfang zu nehmen. Die bayerischen Urlaubsorte leerten sich über Nacht. Die satirische Zeitschrift „Der Simpl" zeigte die Klagen der Wirte mit einer ganzseitigen Karikatur von G. Nückel. Im Hintergrund ein abfahrender Zug, dem eine Kuh nachstarrt. Davor zwei Bayern in Tracht. Und der eine sagt: „Mi leckst kreizweis' mit dera Währungsreform! Jetzt sans furt, die Saupreißn, die mistigen, und mir stehna da mit unsra Bayern-Partei!"

Geld lag auf der Straße

Was tun in den Stunden, bevor die alte Mark stirbt? Es wurden wilde Parties gefeiert. Schwarzhändler saßen in der Klemme. Mr. Bennetts Worte waren unmißverständlich: Jeder mußte anmelden, was er an Geld besaß, auf dem Konto, in der Brieftasche, daheim im Sparstrumpf oder im Koffer unterm Bett. Nur angemeldetes Geld würde umgetauscht in neue Währung.

Wie sollten Schwarzhändler die Stapel von Geldscheinen erklären, die sie angehäuft hatten? Was würde das Finanzamt dazu sagen? Würde die Ausrede geglaubt, sie hätten ihre Leica oder ein Kunstwerk an einen Ausländer verkauft, der dann heimkehrte nach Übersee, ohne Angabe einer Adresse? Geld lag plötzlich auf der Straße, im Rinnstein, weggeworfen von Schwarzhändlern. Eine andere Szene, die oft zu beobachten war: Jemand zündet seine teuer gekaufte Ami-Zigarette mit einem Fünfzig-Markschein an. Oder man ließ das Geld zu Hause in Schränken verschwinden, in der leisen Hoffnung, daß die Zukunft doch noch Möglichkeiten für Schwindeleien bieten würde. Aber diese Chance kam nicht: Fachleute vermuten, daß ungefähr 2,5 Milliarden Reichsmark vernichtet, jedenfalls heimlich aus dem Verkehr gezogen worden sind.

Die Bevölkerung ahnte schon seit Tagen, daß jetzt die Stunde Null der Mark gekommen war. Die Schaufenster wurden endgültig leer. Am Samstag zogen alle los, um vielleicht doch noch irgendwie und irgendwo ihr Geld halbwegs sinnvoll loszuwerden. Die Menschen versuchten aufzukaufen, was es nur gab. Kein Trick blieb unversucht...

Die „Tageszeitung" — Vorläuferin der „Münchner Abendzeitung" — meldete auf ihrer Seite 1: „Seit Dienstag herrscht in den Münchner Bäckereien ein Mangel an Brot. Nach einer Behauptung der Münchner Bäckerinnung hätten bisher 70 von 650 Münchner Bäckereien wegen Mangel an Mehl ihren Betrieb schließen müssen. Transportschwierigkeiten seien — wie die Nachrichtenagentur SÜDENA berichtet — an der jetzigen Krise schuld."

Landwirtschaftsminister Alois Schlögl dagegen erklärte, es sei genügend Brotmehl vorhanden. Er werde Prüfer einsetzen, um festzustellen, welche Bäckereien Mehl im Hinblick auf eine bevorstehende Währungsreform gehamstert hätten.

Ausverkauf am Schwarzen Markt

Essig und Salz wurden bisher ohne Lebensmittelmarken abgegeben. Ausverkauft auch sie. Seit Tagen konnten sich Autobesitzer legal kein Benzin mehr beschaffen — in München wie in Berlin oder Frankfurt. Die Tankwarte winkten ab. Die Großverteiler hätten seit Mittwoch keinen Tropfen mehr geliefert. Die Zeit der Angstkäufe machte das Leben unerträglich, die Menschen hysterisch.
„Ausverkauf am Schwarzen Markt" meldet die „Frankfurter Rundschau" schon am Samstag, dem 19. Juni: „In Nürnberg waren infolge der ausgebrochenen Verkaufswut der Bevölkerung die Geschäfte so voll, wie man es sonst nur zur Weihnachtszeit erlebte."
Die Schwarzmarktpreise explodierten weiter. In der „Frankfurter Rundschau" war zu lesen: „Während in Düsseldorf der US-Dollar nur 250 bis 300 Mark kostete, war sein Preis in Frankfurt bis auf 975 Mark gestiegen. In Frankfurt kostete ein Pfund Kaffee am Freitag 1500 Mark." Wahnsinnspreise genau so in München. Lokalreporter Sigi Sommer hielt fest: „Zigaretten wurden am Donnerstag für sechs Mark, am Freitag früh für acht und am Freitagabend für zwölf Mark das Stück notiert." Eine einzelne Zigarette 12 Mark! Ein Dollar bis zu 975 Mark! Kaffee 1500 Mark! Das war der Gipfel der Preishysterie.
Man wollte Geld hinaushauen, wo immer es ging: Die Nachrichtenagentur „Associated Press" meldete aus Hamburg, auf der Reeperbahn liefen Tischbestellungen in Rekordhöhe ein. AP: „Eine letzte Nacht der Schwelgerei soll in den Sonntag überleiten."

Auf Vorrat Haare schneiden...

Spöttisch berichtete der Reporter der Ostberliner Zeitung „Neues Deutschland" am 20. Juni aus Frankfurt: „Im übrigen glich der Kaufbetrieb in Frankfurt dem Bild aller übrigen Großstädte der Bizone. Alle Läden waren voll von Menschen, die alles kauften, was sie erhalten konnten. Unter der Devise, ein häßlicher Papierkorb ist immer noch besser als ein wertloser Fünfzigmarkschein."

In Berlin aber war das nicht anders. Ein Stimmungsbericht aus der „Berliner Zeitung" vom 19. Juni: „Mein Friseur war auf alle Fälle vorsichtig. Als ich bei ihm zum Schluß eine Flasche Haarwasser kaufen wollte, meinte er mit dem gutmütigsten Gesicht von der Welt: ‚Brauchen Sie sie so dringend? Wenn nicht, dann kommen Sie doch nächste Woche mal vorbei, oder ich schicke den Lehrling 'rum.' Der gute Mann tat, was er für richtig hielt: Er hortete sein Haarwasser. Ein Wunder, daß er sich überhaupt seine Arbeit bezahlen ließ und mir nicht vorschlug, die 1,50 RM, die ich ihm schuldete, anzuschreiben. So wie er machten es die meisten Geschäftsleute. In Neuköllner Ladengeschäften waren wie auf Kommando die Schaufenster geräumt. Selbst alte Ladenhüter waren aus den Schaufenstern verschwunden."

Alles, was angeboten wurde, Briefmarken oder Holzteller, fand schnell Absatz. Unser Berichterstatter der Berliner Zeitung schilderte dies in liebevoller Ausführlichkeit: „In den Nachmittagsstunden nahm der Ausverkauf fast gefährliche Ausmaße an. In und vor den Läden stauten sich die Käufer, sie umlagerten die Geschäfte wie die Wespen ein Honigglas, rissen sich nicht selten die letzten Kleider vom Körper... Ganze Batterien von Flaschen Parfüms, Haut-, Haar- und Gesichtswasser, angeblich handgestrickte Decken und Läppchen wanderten in die mitgebrachten Taschen, und man ruhte nicht eher, als bis alle Läden leer waren. Viele schlossen denn auch zu früher Tageszeit."

Wahrscheinlich würden Fahrscheine ihre Gültigkeit behalten. So wurden in Berlin Sammelkarten auf Vorrat gekauft. Die Bahnverwaltung reagierte sofort und teilte mit,

sie werde nach einer Währungsreform neue Sammelkarten drucken.
In München zog es die Leute gleichfalls in Friseurläden und Postämter. Lokalreporter Sigi Sommer in der „Süddeutschen Zeitung“:
„Vor den Schaltern der Postämter haben sich Schlangen gebildet. Die Leute wollen ihre Telephon-, Gas- und Lichtrechnung einzahlen und versuchen, Postwertzeichen, deren Abwertungsquote mit 1:10 genannt wird, zu erhalten... Ganz besonders groß ist der Andrang bei Friseuren. Dauerwellen und Haarfärbungen werden auf Vorrat bestellt, und sogar die männliche Kundschaft läßt sich noch schnell die Haare schneiden.“
Journalisten durften das neue Geld schon vor der Ausgabe am 20. Juni besichtigen. Die Kisten der Geheimaktion „Birddog“ trugen jetzt deutsche Aufschriften, mit der Inhaltsangabe und dem Kennwort „Clay“. Als man sie auspackte und dem Reporter der „Süddeutschen Zeitung“ im Tresorraum der Stadthauptkasse das Geld zeigte, rief er verblüfft aus: „Das sind ja Dollars!“ Beeindruckt beschrieb er die Banknoten made in USA: „Vielfarbig, bunt und grell für unsere bisherigen Begriffe, leuchten die Scheine auf dem Dunkelgrün des Tisches. ‚Eine halbe deutsche Mark‘, ‚Eine deutsche Mark‘, — zwei, fünf, zwanzig und fünfzig. ‚Deutsche Mark Serie 1948‘. Ganz amerikanisch auch im flachen Format. Kirschrot vorn und hinten wasserblau oder grün-braun und violett mit vielfach bunt gemusterten Hintergründen, Gottseidank mit wenigen Symbolen (der Merkur auf dem Fünfer sieht nicht wie ein Normalverbraucher aus, die antike Fünfzigerin verrät rubensche Formen, und die Rundungen des Damenkopfes auf dem Zwanziger wecken leise Zukunftshoffnungen).“
Allegorische Figuren waren das, die zum Beispiel die Landwirtschaft verkörpern sollten. Die „Westdeutsche Allgemeine Zeitung“ merkte dazu spöttisch an:“ ‚Germania, du

Warten auf das neue Geld. Vor den Ausgabestellen stehen die längsten Schlangen, die man je gesehen hatte. Jeder Westdeutsche erhielt an diesem Tag vierzig Mark. Für ein paar Stunden waren alle gleich arm.
Foto: Bilderdienst Süddeutscher Verlag.

stolzes Weib...' besangen einst schwarz-weiß-rote Barden die vollbusige Idealfigur deutscher Oberlehrer. Unseren alliierten Besatzern aber blieb es vorbehalten, für die neue Deutsche Mark eine Germania made in USA zu importieren. ‚Es ist wirklich hübsches Geld, und einer der Scheine zeigt sogar eine anziehende Frau', sagte der amerikanische Sachverständige Bennett auf einer Währungskonferenz. Er meinte damit jene mythische Frauengestalt mit dem ondulierten Kopf einer Jungfrau und dem vollschlanken Körper einer bejahrten Selbstversorgerin, die mit Fruchtkorb und Ährenbündel den regenbogenfarbigen Fünfzigmarkschein ziert. Bennett nannte diese demontierte Miß Germania ‚anziehend'. Uns scheint sie für unsere ein wenig derangierten Verhältnisse immer noch gar zu sehr angezogen. Bis aufs Hemd ausgezogen, hätte sie, so meinen wir, unserer Lage eher entsprochen."

Bejahrte Selbstversorgerin? Ach ja, das waren jene, die Kühe, Hühner, ein Stück Land besaßen und nicht auf Lebensmittelmarken angewiesen waren. Aber wir lebten auf mit der demontierten, derangierten Miß Germania.

Alle vom gleichen Jahrgang ...

1948, als die Mark geboren wurde, kamen auch sie zur Welt:

Gregor Gysi, Jurist und Politiker, 16. 1. 48.
Bernd Pischetsrieder, Industriemanager, 15. 2. 48.
Andrew Lloyd Webber, Komponist, 22. 3. 48.
Albert Gore, US-Vizepräsident, 31. 3. 48.
Ingrid Steeger, Schauspielerin, 1. 4. 48.
Joschka Fischer, Politiker, 12. 4. 48.
Jürgen von der Lippe, Showmaster, 8. 6. 48.
Jürgen Sparwasser, Fußballer, 21. 6. 48.
Pinchas Zukerman, Geiger und Dirigent, 16. 7. 48.
Otto Waalkes, Entertainer, 22. 7. 48.
Olivia Newton-John, Country-Sängerin, 26. 9. 48.
Gisela Schneeberger, Schauspielerin und Kabarettistin, 3. 10. 48.
Gottfried Helnwein, Maler und Illustrator, 8. 10. 48.
Charles, Prince of Wales, 14. 11. 48.
Georg Ringsgwandl, Kabarettist, 15. 11. 48.
Barbara Hendricks, Sängerin, 20. 11. 48.
Werner Lorant, Fußballtrainer, 21. 11. 48.
Marius Müller-Westernhagen, Schauspieler und Rockmusiker, 6. 12. 48.

Das Wunder der Stunde X

Volle Schaufenster, leere Geldbeutel

Es gab einen Tag im Leben der Deutschen, da waren alle gleich arm. Allerdings nur für ein paar Stunden. Das war der Tag der Währungsreform, als das alte Geld ungültig wurde und jeder nur vierzig Mark erhielt. Kopfgeld. Es regnete in weiten Teilen der Bizone. Aber was dann über Nacht geschah, nannten alle fassungslos ein Wunder...

Westdeutschland erlebte am 20. Juni 1948 die längsten Schlangen, die man je gesehen hatte. Sie wanden sich mehrfach um Häuserblocks herum. Die Ersten in der Schlange warteten bereits seit Samstagabend. Sie warteten auf die neue Deutsche Mark, die meist in jenen Amtszimmern ausgegeben wurde, wo es sonst die Lebensmittelkarten gab. Anderswo, vor den Rathäusern, filmte die Deutsche Wochenschau früh um fünf Uhr Männer, die unter Polizeischutz Säcke in Omnibusse verluden. Das Geld wurde zu den Ausgabestellen gebracht. Alles wurde gezählt, registriert, verbucht — manchmal von unerfahrenen Kräften, die in der Eile als Helfer rekrutiert worden waren.

Wir, die Deutschen, warteten unterm Regenschirm auf die Zukunft. Alles schien so ungewiß. Das, was die Menschen im Geldbeutel oder in der Brieftasche bei sich trugen, was sie daheim versteckt hatten — das war jetzt schon nichts mehr wert. Von morgen an waren die alten Scheine ungültig, waren Altpapier. Nur das Geld, das man zur Bank brachte, würde umgewertet werden — allerdings wußten nur ein paar Eingeweihte, wie das geschehen sollte.

Ein paar kleine Zwischenfälle sprachen sich herum: In München wurde ein Dieb erwischt, der sich, getarnt durch einen Arbeitskittel, unter die Kassierer mischte und einen Stapel Geld stehlen wollte. In Nürnberg mußte die Polizei ausrücken. Einige Helfer hatten, mit den neuen Banknoten nicht vertraut, statt Einmarkscheinen höherwertige Banknoten ausgegeben.

Die Menschen drängelten sich, als hätten sie Angst, das neue Geld könnte — wie früher sonst Milch oder Brot — ausverkauft sein, bevor man selbst an der Reihe war. Jeder, ob Säugling oder Erwachsener, erhielt seine Quote: pro Kopf zunächst vierzig Mark. Und einige Formulare. Zum Beispiel das Merkblatt zum Vordruck A — jener Fragebogen, den die Weisen von Rothwesten entworfen hatten und der in England gedruckt worden war. Im Absatz C hieß es:

„Der Vordruck muß unter allen Umständen innerhalb der ersten Woche, in welcher die neue Währung in Kraft getreten ist, abgegeben werden. Wer diese Frist versäumt, verliert grundsätzlich alle Ansprüche aus seinem Altgeldguthaben ..." Das also war die zweite Pflicht nach dem Erhalt der Deutschen Mark: Bargeld einzahlen und alles anmelden, was auf dem Konto war.

Da saßen nun am Sonntagabend die Deutschen und sahen sich ihr neues Geld an. Kleiner und bunter waren die Scheine als das bisher gewohnte Papiergeld. Münzen blieben weiter in Umlauf — allerdings zu einem Zehntel ihres Werts. Worauf mancher kleine Einkauf mit gehamsterten Groschen bezahlt wurde. Jetzt erst wurde vielen bewußt: Deswegen war bisher Kleingeld rar gewesen, weil auch Münzen gehortet wurden!

40 Mark für jedermann. Und das Leben ging weiter: Geschäftsleute und Fabrikanten würden für jeden ihrer Angestellten ebenfalls sechzig Mark für die Löhne und Gehälter erhalten, die eins zu eins umgestellt wurden. Wer bisher 160 Mark verdiente, durfte mit der gleichen Summe rechnen. Und man kam im Frühsommer 1948 mit zehn Mark weit.

Die schönen bunten Scheine sollten plötzlich alles herbeizaubern, was man seit langem entbehren mußte. Eigentlich unmöglich. Wer nachdachte, konnte nur den Pessimisten recht geben, die fürchteten, daß das Elend noch elender werden würde.

Abends war eine verheißungsvolle Ankündigung aus Frankfurt zu hören. Ludwig Erhards Pressesprecher Kuno Ockart gab über Rundfunk bekannt, daß von jetzt an Fahrräder, auch elektrische Kochplatten, Bügeleisen, Tauchsieder, Kühlschränke, Nähmaschinen und vieles andere frei verkauft werden könnten. Eine Sensation in der Zeit der Bezugsscheine. Sogar Motorräder und Autos, Radioapparate und Büromaschinen würden sehr bald ohne jede Beschränkung zu haben sein. Unglaublich! Selbst den Optimisten Erhard müssen manchmal Zweifel beschlichen haben, ob wirklich alles gehortet worden war, was man auf seine Weisung freigab. Er hatte den Sonntag in München verbracht, für die ganze Familie mit der Tochter Elisabeth 120 Deutsche Mark Kopfquote bezogen und wartete, wie alle anderen, auf den nächsten Gehaltstag, an dem ihm 1500 Mark überwiesen werden würden. Ein gutes Einkommen — Angestellte verdienten oft nur 160 Mark im Monat.

Was Erhard tat, war ein politisches Pokerspiel. Er hatte seinen Pressesprecher die Freigabe einiger Artikel verkünden lassen. Was würden die Besatzungsmächte dazu sagen? In ihrem Auftrag wachte ein Kontrollrat über die Deutschen. Bei den mächtigen Militärs lag eine ganze Mappe mit 26 deutschen Gesetzen, die abgelehnt oder abgeändert worden sind. Außerdem mußte der Länderrat — vergleichbar dem heutigen Bundesrat — gefragt werden. Aber die Geschäftsleute hatten etwas von Freigabe gehört. Sie nahmen es wörtlich. Und füllten ihre Regale.

„Über Nacht wurden die Kirschen reif...“

Der Montag war der Tag des Staunens. Die Menschen drückten ihre Nasen gegen die Schaufenster. Sie lachten, und sie schimpften, und blickten haargenau so drein, wie dann Bewohner der DDR, als sie zum ersten Male auf den Münchner Viktualienmarkt oder ins Kaufhaus des Westens in Berlin kamen. Erstaunt, erschreckt, fassungslos ob der Fülle. 1948 war das Angebot vergleichsweise miserabel — den meisten schien es dennoch märchenhaft.

Was man sah, war nichts anderes als unbekümmert enthüllte Horterei. Woher sonst kam die Fülle der Waren? Die Fabriken hatten ja nicht über Nacht zu produzieren begonnen, es waren nicht über Nacht Lastwagen-Kolonnen mit Waren eingetroffen, die Radioapparate konnten nicht vom Himmel gefallen sein. Aber das Wunder geschah — die Kühe gaben mehr Milch, verschwundene Schweine ließen sich zur Schlachtbank treiben, und plötzlich wuchs Gemüse, das man lange nicht gesehen hatte. Die Neue Deutsche Wochenschau merkte angesichts der Bilder vom Wochenmarkt mit seinen reichbeladenen Kaufständen sarkastisch an: „Über Nacht wurden die Kirschen reif...“

Den Bäckern war doch letzte Woche das Mehl ausgegangen, wie sie bedauernd mitgeteilt hatten. Am Montag aber wurden sogar Buttercremetorten und weiße Semmeln angeboten. Es füllten sich die Schaufenster mit all dem, was man vorher entbehrt hatte, richtigen Kaffee gab's wieder, keine Ersatzware, und Weine und Zigarren. Berichtenswert für Journalisten, daß ein Pfund Gurken, die bisher nur unter dem Ladentisch verkauft wurden, für 97 Pfennig zu haben war.

Ein Fahrrad? Kostet 151 Mark, wird aber erst in vierzehn Tagen geliefert. Anzahlung von 25 Mark erwünscht. Eine Schreibmaschine hätten viele gut verwenden können.

Am Tag nach der Währungsreform. Fassungslos vor vollen Schaufenstern. Zum Staunen kam der Zorn. Gestern waren die Läden noch leer gewesen. Woher plötzlich die Fülle der Leckerbissen?
Foto: Bilderdienst Süddeutscher Verlag.

Doch die war unerschwinglich. Fünfhundert Mark und mehr. Wer konnte das schon zahlen?
Reporter haben als Zeugen der Zeit das kleine, zögernde Glücksgefühl über das neue Geld und das große Staunen in ihren Artikeln und Notizen festgehalten. Anfangs taucht beinahe in jeder Reportage, in jedem Bericht das Wort Wunder auf.
„Montag, 21. Juni. Es ist wie ein Wunder", schrieb der Journalist Heinz Brestel in sein Tagebuch, das von der „Frankfurter Allgemeinen" veröffentlicht wurde. „An der Hauptwache zwischen den Trümmern der Katharinenkirche sind Tische aufgestellt, vollgepackt mit Lederwaren aus Offenbach. Alles richtiges Leder. In der Schillerstraße wird

Gemüse feilgeboten. Mehr Gemüse, als die Leute Geld ausgeben wollen. Vor der Börsenschenke eine Tafel, mit Kreide geschrieben: Grüne-Bohnen-Eintopf 65 Pfennig. Bouletten mit Bratkartoffel 1,25 DM. Für Marken? Ach — bewahre. Kommen Sie rein, wenn Sie Geld haben. Wir essen Eintopf für 65 Pfennig."

Voller Staunen und voller Zorn

Die Münchner „Abendzeitung" hielt fest: „Die Münchner Hausfrauen waren fast bestürzt, als das schöne Gemüse angeboten wurde, Wirsing, Kohlrabi und Gurken. Ja, sogar Erdbeeren, die man seit Jahren überhaupt nicht oder nur durch Kompensation erwerben konnte, wurden angepriesen. Ein besonderer Anziehungspunkt waren die Schaufenster, die den Münchner am Montagmorgen mit lange und schmerzlich entbehrten Gegenständen ein wenigstens ‚beschauliches' Wiedersehen feiern ließen... Man möchte den Geschäftsleuten am liebsten die Fenster einschlagen vor Wut, daß das Zeug alles da war und nur aus Berechnung zurückgehalten worden ist', wetterte eine Hausfrau, die sich an die leeren Schaufenster und Regale der Geschäfte bis vor wenigen Tagen erinnert."
Den gleichen Zorn empfanden Millionen andere in der Bizone. Jetzt wurde klar: Wir waren alle nur für ein paar Stunden gleich arm, wie sich herausstellten sollte. Wer etwas Nützliches, Langentbehrtes zu verkaufen hatte, der konnte mit schnellen Einnahmen rechnen. Das Horten hatte sich gelohnt. Oft sah man zornig erhobene Fäuste — gegen die Kaufleute, die vorgestern noch die Käufer schulterzuckend abgewiesen hatten.
Auch in München machten sich ganze Geschwader fliegender Händler breit. Lokalreporter Sigi Sommer berichtete in der „Süddeutschen Zeitung": „Jahrmarkt in allen Straßen

...Wie morgenländische Basare reihen sich die buntbeschirmten Verkaufsstände in der Innenstadt aneinander. In der Sendlinger Straße" – einer kurzen Straße in der Stadtmitte, die zum Rathaus führt – „sind es gegenwärtig 37... Haarschleifen, Fahrradglocken, Einmachgläser, Bandsägen, Hosenknöpfe, Thermosflaschen, Fußabstreifer, Gummikragen und Gartenscheren werden feilgeboten..."

Die Bauern hatten doch selbst nichts mehr, oder? Bald nach der Stunde X fuhren sie wieder mit Pferdewagen in die Stadt und boten Gemüse an. „Wie im Frieden", sagten die Passanten.

Georg Wulffius, Rundfunkjournalist in München und damals bei „Radio München", notierte sich:

„Sonntag, 20. Juni: Überall Verwirrung und Kopflosigkeit. Schweizer Franken und grüne Besatzungsdollar um jeden Preis kaufen, war das Motto.

Montag, 21. Juni: Grüner Bohnenkaffeee sinkt auf 20 D-Mark, gebrannter auf 25 D-Mark pro Kilo. Amerikanische Zigaretten werden mit 45 Mark pro Stange gehandelt. Sie bleiben liegen. 50 D-Mark zahlte man für einen Dollar. Ein Paar feine amerikanische Damenstrümpfe kosten 40 D-Mark.

Dienstag, 22. Juni: „Fort vom eingehandelten Dollar" – so lautet die Tagesweisung. Neue Mark um jeden Preis. Der grüne Dollar sinkt auf 16.

Mittwoch, 23. Juni: Wein: ehedem 50 bis 100 pro Liter, heute 2,50 D-Mark. Ein Liter Schnaps kostete 5 D-Mark auf dem dahinsiechenden Markt der schwarzen Geschäfte.

Donnerstag, 24. Juni: Radioapparate auf dem schwarzen Markt sind billiger als im Laden. Niemand will sie. Ein Paket amerikanischer Zigaretten wird für 6 D-Mark angeboten.

Freitag 25. Juni: Alles wird billiger. Noch billiger. Amerikanische Zigaretten unter der Hand: 2,50 Mark. Im Laden: 3 Mark."

Der „Spiegel“ sprach sogar vom „Billigsten Tag“. Die Geschäftsleute verkauften zu Niedrigpreisen, um erst einmal Geld in die Kasse zu bekommen. Notfalls war man bereit, dem Kunden beim Bezahlen ein bißchen Zeit zu lassen. Wulffius nannte dafür dieses Beispiel: „Die Bestattungsinstitute kamen überein, die Beerdigungen vorläufig bis zum 15. Juli zu stunden.“

Für Textilien brauchte man sogenannte Kleiderpunkte und Bezugsscheine, die bisher meist leere Versprechen waren. Vom 21. Juni an hingen unversehens wieder hübsche Kleider in den Läden, und in München soll ein Ehemann seine Frau öffentlich geohrfeigt haben, weil sie nicht widerstehen konnte und nach einem der billigen Fähnchen griff. Natürlich hörte man anderntags auch von bösen Stunden in einigen Familien. Wenn der Ehemann einen Gutteil seines Kopfgeldes vertrunken hatte.

Bei einigen füllten sich die leeren Brieftaschen erstaunlich rasch. Aus Wiesbaden erfuhren Reporter, das Autohaus Opel habe bereits drei neue Autos verkauft — mit welchem Geld bezahlt wurde, das verriet keiner. Auch Volkswagen wurden wieder angeboten — für 5300 Mark pro Wagen. Einige wenige leisteten sich schon wieder feines Essen, mit Wein, für die unglaubliche Summe von 25 Mark pro Person. Aber die meisten der sonst überfüllten Gaststätten blieben nun leer — obwohl „Fisch, Früchte, Gemüse und eine Auswahl an Spezialitäten auf der Speisekarte stand“, wie die Militärregierung sogar in ihrem Monatsbericht vermerkt.

Aus der „Abendzeitung“ vom 22. Juni 1948: „In den Gaststätten waren sehr viele Tische unbesetzt, und im Vorübergehen konnten wir hören, wie ein Gast eine Scheibe Brot zurücksandte, weil sie seiner Meinung nach nicht groß genug war. Ein großes Kaufhaus, das am vergangenen Samstag einen Umsatz hatte, der dem früheren vierfachen Monatsumsatz entsprach, verkaufte am Montag vormittag

an den einzigen Kunden — nach Aussage der Verkäuferinnen ein junger Mann mit Glatze — eine Flasche Haaröl."
Untersuchungen des Wirtschaftsrates der Bizone würden zeigen: Die Westdeutschen gaben in den ersten Tagen lediglich zehn Mark ihres kostbaren neuen Geldes aus.

Der erste Luxus: ein Paar Strümpfe

Alle waren sparsam geworden. Sie mußten es sein. Sie kauften nur das Notwendigste — wie es die Journalistin Hildegard Brücher tat, die gerade über eine Jugend-Tagung berichtet hatte und nun selbst interviewt wurde. Sie war mit 27 Jahren zur jüngsten Stadträtin Münchens gewählt worden, und die Reporterin, die Hildegard Brücher befragte, schilderte die neue Stadträtin aufs Liebenswürdigste — bewundernde Worte, die Hildegard Brücher nie vergessen hat. Sie sei „eine natürliche, hübsche, junge Dame mit braunem Wuschelkopf und modisch langem Rock". Die Reporterin hat die Szene ebenfalls genau im Gedächtnis: Sie hieß Anneliese Schuller — später Herausgeberin der Münchner „Abendzeitung".
Hildegard Hamm-Brücher erinnert sich heute vergnügt: Der schicke Rock war aus alten Uniformstücken selbst geschneidert. Sie hatte zwei Brüder und eine Schwester, alles Flüchtlinge. Und sie war die Ernährerin der Geschwister. Der einzige Luxus, der ihr im Gedächtnis blieb: Sie kaufte sich ein paar neue Strümpfe. Bisher hatte sie vorwiegend gestopfte getragen.
So wie ihr ging's doch so vielen. Gekauft wurde, was man sich leisten konnte und was wirklich gebraucht wurde. Die meisten jungen Leute wie Helmut Schmidt in Hamburg — ja, *der* Helmut Schmidt — hatten nicht viel Geld anzumelden:

„Jenes Wochenende des Jahres 1948 ist mir heute noch in genauer Erinnerung. Ich war Student der Volkswirtschaftslehre, im Sommer des Jahres 1948 stand ich mitten in der Vorbereitung auf meine Prüfung zum Diplom-Volkswirt. Meine Frau war bereits Lehrerin, während ich meinen Beitrag zum Lebensunterhalt als Werkstudent leistete: Ich konnte beim Aufstellen von Steuerbilanzen und bei der Beratung für Steuererklärungen von Gewerbetreibenden einiges fachliches Wissen anwenden und zusätzlich noch praktische Erfahrungen gewinnen. Ohne großes Einkommen traf uns deshalb der Geldumtausch nicht sehr hart; wir hatten nur gerade 28 Reichsmark abzuliefern und verfügten sonst nur über die an alle gleichmäßig verteilte ‚Kopfquote'. Ich weiß auch noch, daß ich am Tag nach der Währungsreform wieder mit dem Rauchen anfing, weil es sich nicht mehr lohnte, die Raucherkarten zu verkaufen... Die im Zusammenhang mit der Geldreform ausgelöste Lockerung aller möglichen Bewirtschaftungen, Zuteilungen und Preisvorschriften erschien mir als Abkehr von den Zwängen und Fehlentwicklungen der Kriegswirtschaft grundsätzlich richtig. Ich habe aber hinsichtlich des Tempos der freieren Entfaltung große soziale Ungerechtigkeiten vorhergesehen; angesichts der schon vorhandenen Arbeitslosigkeit habe ich dieses Juniwochenende auch mit Skepsis betrachtet und manchen Aspekt der zukünftigen Entwicklung nicht in rosigem Licht gesehen."

Otto Normalverbraucher mußte weiter hungern...

Nicht ganz so vernünftig wie Frau Brücher oder Herr Schmidt handelte unser ausgemergelter Otto Normalverbraucher Gert Fröbe. „Ich beschloß, meine vierzig D-Mark standesgemäß anzulegen, und kaufte mir am Kurfürstendamm für 39 D-Mark ein hochelegantes Picknick-Köfferchen mit Besteck, Tellern, Tassen und Thermosflasche. Nach dem Motto: Wenn schon Kohlsuppe, dann mit silbernen Löffeln." Er war damals gerade für die Filmrolle des Otto Normalverbraucher engagiert worden — wobei der Drehbuch-Autor Günter Neumann zunächst zurückschreckte. Fröbe war ihm mit 1,86 Meter einfach zu groß. Aber der bewies ihm, daß er auch bei dieser Größe einen kleinen Mann, einen armen Hund spielen konnte. Die Rolle brachte Fröbe noch in eine andere Zwickmühle. Endlich konnte man sich wieder etwas zu essen kaufen. Aber jetzt mußte er für den Film weiter hungrig aussehen. Als er zunahm, wurde ihm — in der zu Ende gehenden Hungerzeit! — strenge Diät auferlegt.

Erwin Hielscher, Vorkämpfer für eine radikale Währungsreform, hatte bald vergessen, wie er sein Kopfgeld ausgab. Lebensmittel hat er sich gekauft, und vielleicht ein paar Zigarren. Für ihn, den Stadtkämmerer von München, der aus Geld das Beste für die Öffentlichkeit machen wollte, war nur eines wichtig: „Der eigentliche Wiederaufbau der deutschen Wirtschaft und auch der kommunalen Einrichtungen der Landeshauptstadt begann am 20. Juni 1948. Erst von diesem Zeitpunkt an konnte mit dem Instrument des Geldes wieder etwas ‚bewirkt' werden."

Vergessen wir aber nicht die Verbitterung der Kunden über die aufgedeckte Horterei. Ein Zeichner der „Süddeutschen Zeitung" sah dies so: Er blickte nicht in die vollen Schaufenster — sondern aus dem Laden durch die Scheibe hinaus. Und er sah verärgerte, wütende Gesichter. Bildunterschrift: „Währungsreform, von innen gesehen."

Die Menschen standen also mit leeren Taschen vor vollen Schaufenstern. Daß Geld knapp war — das hatten die Währungssachverständigen, die Väter der DM, sehr sorgsam überlegt und geplant. Am Anfang sollten die Menschen unter keinen Umständen zuviel Geld in der Tasche haben und zuviel einkaufen können! Zuviel Geld und zuwenig Waren — das wäre der Absturz für die neue Mark.

Die große Freiheit in der Marktwirtschaft...

Insgesamt wurden an jenem „Schicksalstag des deutschen Volkes“ — so Ludwig Erhard — 93,5 Prozent des entwerteten Reichsmark-Volumens aus dem Verkehr gezogen. Es war die aufregendste Woche der Wirtschaftsgeschichte seit Jahrzehnten, der radikalste Währungsschnitt seit der Inflation in den zwanziger Jahren.
Erhard dampfte weiter in die große Freiheit der Marktwirtschaft. Bereits am Tage nach der Währungsreform kündigte er an: „Es sind alle Vorbereitungen getroffen, die Zügel der Bewirtschaftung noch lockerer zu gestalten. Die Resonanz, die dieser Übergang zu freieren Formen in unserem Volke gefunden hat, beweist nur, wie gründlich satt es dieser staatlichen Bevormundung ist...“
Mit Nachdruck versuchte Erhard seinen Hörern klar zu machen, daß es bei Geldpolitik um Demokratie geht, daß die neue Währung nicht nur die Geschäfte, sondern auch die Politik aufleben lassen soll:
„Wir waren auf dem besten Wege, die Demokratie zu Tode zu kommandieren und die demokratischen Grundrechte unseres Volkes zu einer Schimäre werden zu lassen. Erst wenn diese Rechte wieder Ausdruck finden in der freien Berufswahl, in der freien Wahl des Arbeitsplatzes und vor allem in der Freiheit des Konsums, können wir erwarten, daß das deutsche Volk an der politischen Gestaltung seines Schicksals wieder aktiven Anteil nimmt.“
Wieder dieses Wort „Freiheit des Konsums“! In jenen Tagen der große Wunschtraum. Völlig unvorstellbar für die 1948er, daß es jemals Wörter wie Konsumzwang geben könnte.

Erhard wird zur Rede gestellt...

Daß in der Bizone munter vieles ohne Marken oder Bezugsscheine verkauft wurde, bemerkten die Alliierten offenbar mit Verspätung. Am Montag abend kündigte Erhard weitere Freigaben an: Wie konnte er wagen, dies im Alleingang zu tun? Der amerikanische Vorsitzende des Zweimächte-Kontrollrats, General C.L. Adcock, meldete Bedenken an. Bei der Freigabe könne es sich doch wohl nur um deutsche Vorschläge handeln, die von den Alliierten genehmigt werden müßten. Erhards Büro widersprach.

Erhard wurde ins Hauptquartier der Amerikaner ins Frankfurter IG-Farben-Hochhaus gerufen und zur Rede gestellt. Jetzt gilt es, eine Legende zu klären. Was geschah dort wirklich? Gab es Krach?

Mehrfach hat er selbst erzählt, ihm sei vorgehalten worden:

„...Ich hätte sozusagen gegen sämtliche alliierten Militärgesetze verstoßen. Alles müsse zurückgenommen werden. Ich sagte: ‚Von mir nicht'. Im übrigen wollte ich wissen, gegen welche Gesetze ich eigentlich verstoßen hätte. Dann wurde mir vorgelesen, daß ich eben ohne Genehmigung der Militärregierung keine Änderung der Bewirtschaftung und der Preisbindung vornehmen dürfe. Darauf wagte ich alles und sagte: ‚Ich habe nichts verändert, ich habe sie aufgehoben.' Ich dachte mir, jetzt hilf, was helfen mag."

Der FDP-Politiker Victor-Emanuel Preusker hat das dramatischer in Erinnerung. Er sagte einem „Welt"-Reporter: „Clay fing an zu toben, als er von Erhards Eigenmächtigkeit erfuhr. Er drohte sogar, ihn wieder abzusetzen und in Haft zu nehmen." Clay habe „eine fürchterliche Kanonade auf ihn losgelassen".

Es endete mit „Naja, also bitte". Standen die Amerikaner von vornherein hinter ihm? Erhard: „...stimmt nicht. Ich

sollte doch wegen der Durchsetzung einer marktwirtschaftlichen Ordnung sogar bestraft werden."
Ein neues Buch, „Die D-Mark", zu ihrem 50. Geburtstag erschienen, brachte eine weitere, besonders hübsche, aber überhaupt nicht beweisbare Version. Im Hauptquartier der Amerikaner sei es zu diesem Dialog gekommen: „Meine Berater sagen mir" — so Clay — „Sie hätten einen schrecklichen Fehler gemacht." Erhard: „Meine sagen mir das gleiche." Daraufhin habe Clay dem deutschen Professor freie Hand gelassen.
Was ist wirklich passiert? War alles mit den Amerikanern abgesprochen? Lächelte oder tobte Clay? Halten wir uns an das, was General Clay selbst 1973 bei einem Interview mit dem Westdeutschen Rundfunk sagte:
„Professor Erhard hat die Alliierten nicht im voraus verständigt. Sobald er von der Währungsreform hörte, entschied er auf eigene Faust, daß sie von dem Aufheben der Zwangsbewirtschaftung begleitet sein müßte, wenn sie wirklich wirksam sein sollte. In seiner Eigenschaft als der Verantwortliche für die Wirtschaftspolitik unternahm er sofort Schritte, um diese Zwangswirtschaft aufzuheben. Ich erfuhr davon einige Stunden später und forderte ihn auf, zu mir zu kommen, was er auch tat. Er antwortete, wir hätten ihm erklärt, daß wir ihm die Befugnisse zur Steuerung der deutschen Wirtschaftspolitik übertragen hätten, und daß er davon Gebrauch gemacht habe. Ich konnte da nur lächeln und ihm sagen: Ich glaube, Sie sind da ein bißchen weitergegangen, als wir jemals beabsichtigten. Aber Sie wissen ja auch, daß nach unserem Verfahren Ihre Entscheidung aufrecht erhalten bleibt, wenn wir nicht einstimmig beschließen, sie zu widerrufen..."
Aber es gab kein einmütiges „Nein": Clay: „Nein, wir erhoben keine Einwände gegen seinen Plan... Tatsächlich war ich ja damals Vorsitzender des Dreier-Ausschusses der Militärregierung... Wir hätten alle drei gemeinsam seine

Aktion durch ein Veto unterbinden müssen. Und ich kann Ihnen versichern, daß ich niemals die Absicht hatte, für ein Veto zu stimmen... Und so konnte er ziemlich sicher sein, daß ihm nicht mit einem Einspruch begegnet würde. Freilich war es für meine britischen und französischen Kollegen sehr schwierig, das zu befürworten, da sie aus Ländern stammten, in denen die Zwangsbewirtschaftung noch in Kraft war. Solange ihre eigenen Länder diese Kontrollen hatten, war es für sie äußerst schwierig, sich mit dem Aufheben dieser Kontrollen einverstanden zu erklären. Und hätte Professor Erhard es nicht getan, wäre es nie geschehen." Clay war auf alle Fälle von Erhard beeindruckt und rühmte seine Zivilcourage.

Am 26. Juni 1948 gab auch General Adcock, der gerade Bedenken angemeldet hatte, offiziell nach: Die Einwände vorher seien ein Mißverständnis gewesen. Das Gesetz trägt den Vermerk: Genehmigung der Militärregierung: 30. Juni. Der Husarenritt war gelungen. Erhard ließ weiter freigeben. Von Mitte Juni an konnte ohne Lebensmittelkarten gekauft werden: Obst, Gemüse, Bienenhonig, Zuckerrüben, Schaf- und Ziegenmilch, Süßwasserfisch, Krabben, Muscheln, Kleinstheringe... Alles vorher streng rationiert! Jetzt kam doch mehr auf den Tisch als ein paar Tage zuvor. In einer Rede im August durfte Erhard immerhin sagen: „...daß in den Wochen seit der Währungsreform der deutsche Normalverbraucher, der überhaupt in Vergessenheit geraten war, unendlich viel mehr konsumieren konnte als in den drei Jahren der Zwangswirtschaft zusammengenommen."

Was die Leute dachten, die seine Rede hörten, die ganz langsam das genossen, was man Konsumfreiheit nannte — was sie empfanden, das spricht aus einer Zeichnung von Olaf Gulbranson, die im Juli auf der Titelseite der Zeitschrift „Der Simpl" erschien. Ein ausgemergelter, hohläugiger deutscher Michl sitzt mit einer Gitarre vor einer öden

Landschaft. Er klimpert ein Lied „Es ist ein Ros' entsprungen“. Im Hintergrund ein Pflänzchen auf einem dünnen Stengel – die Mark. Ein dünnes Pflänzchen. Aus ihm konnte durchaus noch etwas werden.
Man sah das Pflänzchen mit Skepsis. Was dann, wenn die Warenfülle aus gehorteten Beständen aufgebraucht war? Wie würde es weitergehen mit den Preisen? Aber jetzt wurde Deutschland, wurde die Welt mit einer neuen großen Sorge konfrontiert: Berlin. Dort kam mit der neuen Mark erst einmal Angst vor einer Krise, vor Hunger und vor Krieg. Berlin wurde ein paar Tage darauf von den Sowjets abgeriegelt. Zufahrt gesperrt für alle Fahrzeuge. Und die Amerikaner fragten sich: Sollten sie die Familien ihrer Soldaten vorsichtshalber aus der Stadt herausholen?

Das Ende der Schlange

Aus dem Bericht der US-Militärregierung für Deutschland, Juli 1948: „Die früher allgegenwärtige Schlange vor den Läden hat sich zum größten Teil aufgelöst, außer bei Textil- und Schuhgeschäften. Die Furcht, daß die begrenzten Vorräte in Minuten oder Stunden verkauft sein würden, hat sich gelegt. Die Zahl der Bahn-Fahrgäste in der Nähe der großen Städte ist zurückgegangen, nicht nur, weil die früher so üppigen Bargeld-Bestände geschmolzen sind, sondern auch, weil die Stadtbewohner es nicht mehr für nötig halten, auf dem Land Früchte und Gemüse zu kaufen. Stattdessen bringen die Bauern ihre Produkte zur Stadt."

Der „Spiegel" im Juni 1948: „Knapper Kunstumsatz in D-Mark. Die Eintrittskarten-Schlange ist über Nacht verschieden. Das Hamburger Staatstheater hat für drei Tage nur je fünfzig Karten verkauft... Die wiedererwachte Neigung, einen Groschen dreimal herumzudrehen, bevor man ihn ausgibt oder wieder einsteckt, macht sich allenthalben an den Theaterkassen bemerkbar... Karl-Heinz Stroux vom Wiesbadener Schauspiel... wollte bis Ende der Spielzeit, 11. Juli, bei freiem Eintritt weiterspielen. Daraus wurde nichts. 50 Pfennig für das Schauspielhaus, eine halbe und eine ganze D-Mark für die Oper sind die neuen Preise des hessischen Staatstheaters... In München ging es auf einer Sitzung der Theaterdirektoren erregt zu. Nach drei Stunden entschloß man sich, die Theater zunächst einmal zuzumachen. Am 3. Juli will man wieder spielen."

Die „Abendzeitung" im August: „Der scharfe Schnitt der Währungsreform hat auch vielen ‚Schlangen' den Kopf vom Rumpf getrennt. So ist vor allem die einst so beharrliche Tabakschlange gänzlich eingegangen. Geradezu Wunder gewirkt hat die D-Mark als Schlangenbeschwörerin auf dem Fischmarkt. Leider hat der Lindwurm, der am Dienstag und Freitag regelmäßig die Fleischbank belagert, noch nicht an Umfang und Länge eingebüßt. Der Grund liegt nicht so sehr darin, daß man Freibankfleisch auf halbe Marken bekommt, sondern daß dieses Fleisch durchwegs nur ein Viertel der Metzgerware kostet." (Halbe Marken, Umgangssprache von damals: Für Marken, die offiziell zum Bezug von 250 Gramm berechtigten, gab's beispielsweise ein ganzes Pfund.)

Währungskrise in Berlin

„Der Insulaner verliert die Ruhe nich…"

Spaltung Deutschlands. Sozialistische Einheitspartei. Sektorengrenze. Luftbrücke. Wörter des Kalten Krieges, die heute noch frieren lassen. Auf einem Zettel notierte sich SED-Chef Wilhelm Pieck im Juni 1948 mit großen Buchstaben, was ihn beschäftigte. Wir lesen das Wort „Währungskampf". Gekämpft wurde um die Mark. Und um Berlin.

Berlin im Juni. Es lag, das spürte man, Unheil in der Luft. Und dann verkündeten die Amerikaner am 18. Juni in Frankfurt: Währungsreform, neues Geld im Westen.

In Ostberlin stieg ein Aufschrei auf aus den Zeitungen. Breit über die ganze Titelseite zog sich am 19. Juni sechsspaltig die Schlagzeile des SED-Organs „Neues Deutschland": „Westmächte vollenden Spaltung Deutschlands."

Interessant, wie andere Ostberliner den Wortlaut variierten und dabei steigerten und verschärften: „Gegen die staatliche Einheit Deutschlands ist ein neuer *schwerer* Schlag geführt worden", schrieb die Sowjetische Militärverwaltung in ihrem Aufruf an die Bevölkerung. Der Deutschen Wirtschaftskommission — dem ostdeutschen Gegenstück zum Wirtschaftsrat in Frankfurt — reichte das nicht aus: „Damit ist der *entscheidende* Schlag gegen die Einheit Deutschlands erfolgt…" Im Befehl 111 des Obersten Chefs der Sowjetischen Militärverwaltung wurde das einige Grade härter formuliert. „Ein *zerschmetternder* Schlag…" Im „Neuen Deutschland", der SED-Zeitung, wurde daraus der „*furchtbarste* Schlag".

Die Mark trennte nun die beiden deutschen Staaten und zerschnitt Berlin. Hier die Sektoren der französischen, englischen und der amerikanischen Besatzungsmacht, dort der Herrschaftsbereich der Sowjets. Jetzt wurde es gefährlich. Die Ostwährung sollte für ganz Berlin gelten, einschließlich der westlichen Sektoren. Der Befehl 111 legte das am 21. Juni ausdrücklich fest: „Um einer Desorganisation des Geldwesens vorzubeugen und die wirtschaftlichen Schwierigkeiten zu beseitigen, sind im Gebiete von Groß-Berlin, das sich in der sowjetischen Besatzungszone befindet und wirtschaftlich einen Teil der Sowjetzone bildet, nur neue Geldscheine der sowjetischen Besatzungszone im Verkehr zuzulassen."

Die Sowjets führten zunächst eine Art Behelfswährung ein: „Reichsmark und Rentenmark alten Musters mit aufgeklebten Spezialkupons sind das einzige gesetzlich zugelassene Zahlungsmittel. Münzen bleiben weiter im Umlauf." Das Geld wurde am 24. Juni ausgegeben. Die Berliner tauften es „Tapetenmark". So sahen die großlappigen Scheine auch aus. Wobei der Klebstoff obendrein schlecht war und die Marken oft abfielen.

Gedruckt wurden die Kupons, vermutete der „Spiegel", auf den Maschinen der Ostberliner Zeitung „Tägliche Rundschau". Die offiziellen Banknoten waren schon bestellt — via Moskau. Die Ostpresse rechnete ihren Lesern vor, daß sie besser abschnitten als die Westler, die nur vierzig Mark auf die Hand erhalten hatten. Zwanzig weitere Mark waren für später versprochen. Im Osten erhielt man mehr: „...um die laufenden Einkünfte der werktätigen Bevölkerung zu wahren, ist ein Vorzugsumtausch von Beträgen bis zu 70 Mark pro Person im Verhältnis 1:1 zu sichern", hieß es in den Bekanntmachungen.

Spareinlagen bis 100 Mark wurden im Verhältnis 1:1, bis zu 1000 Mark im Verhältnis 5:1 umgewertet. Bei Beträgen über 5000 Mark mußte die rechtmäßige Herkunft nachgewiesen werden. „Kriegsgewinne, Spekulationsgewinne oder Beträge, die faschistischen Verbrechern und Kriegs-

verbrechern gehören, sind zu konfiszieren." Hier konnten die Vorschriften weit ausgelegt werden. War ein Schuhmacher, der Material für die Wehrmacht geliefert hatte, schon ein Kriegsgewinnler?
Ostgeld für ganz Berlin! Damit kein Mißverständnis aufkommen konnte, wiederholte dies das „Neue Deutschland" am 22. Juni klar und deutlich:
„Berlin liegt in der sowjetischen Besatzungszone und stellt in wirtschaftlicher Hinsicht einen Teil der sowjetischen Zone dar. Deshalb kann es in Berlin keine andere als die in der Ostzone im Umlauf befindliche Währung geben."
Die Alliierten waren von ihren Geheimdiensten längst vorgewarnt. Wieder stoßen wir auf den Namen des erstaunlichen Mr. Tenenbaum, der bereits Ende 1947 eine achtseitige Analyse „Berlin und die Finanzreform der Bizone" verfaßt hat. Jack Bennett, der oberste Finanzberater für Deutschland, sandte sie am 9. Dezember an General Clay. Ein Stempel darauf verkündete: „Top Secret". Ein halbes Jahr vor dem Ereignis malte sich Tenenbaum alle Möglichkeiten aus, mit denen nach einer Währungsreform zu rechnen sei.
Er verglich Berlin sogar mit Hongkong, für ihn war Berlin eine Enklave, eine Insel in einem Meer von Reglementierungen und Unsicherheit. Berlin mußte als ein Außenposten angesehen werden. Tenenbaum kam zu dem Schluß: Eine Währungsreform allein für die Westsektoren war in seinen Augen die technisch schwierigste Lösung. Tenenbaum empfahl deshalb 1947: „Für unsere Zwecke wäre es am besten, wenn eine eigene (‚separate') Währung unter Viermächte-Kontrolle in Berlin eingeführt würde." Eine Sonderwährung für die ganze Stadt.
Berlin aufgeben? Nein. Man wolle bleiben, um dort ein Forum für westliche Ideen zu bieten. Genau das würde jedoch unmöglich gemacht, wenn durch eine andere Währung im Westen der Stadt den Bürgern aus dem Osten und

damit der ganzen Sowjetzone der Zugang zum kulturellen, wirtschaftlichen und sozialen Leben der Westsektoren verschlossen werde. In jedem Fall würden die Bürger von Berlin mehr unter einer Währungsreform leiden als die Bevölkerung Westdeutschlands.
Alles richtig, alles eingetroffen. Die Sowjets wollten verhindern, daß ihr Gebiet mit der entwerteten Reichsmark aus den Westzonen überschwemmt würde. Das war einzusehen. Nicht vorhersehbar aber die Härte, mit der sie vorgingen. Tenenbaum:
„Wir erkannten natürlich, daß die Sowjets den Zufluß der Waren nach Berlin beschränken würden, obwohl wir nicht im geringsten an eine totale Blockade dachten, wie sie dann tatsächlich einsetzte."

„Westgeld schlechtes Geld"

Tenenbaum hatte es vorhergesagt: Ostberlin wurde gegen den Westen abgeriegelt. Gleich unter der Schlagzeile „Westmächte vollenden Spaltung Westdeutschlands" war im „Neuen Deutschland" zu lesen:
„Notwendige Abwehrmaßnahmen. In Zusammenhang mit der separaten Währungsreform in den westlichen Besatzungszonen Deutschlands war die Sowjetische Militärverwaltung gezwungen, zum Schutze der Interessen der Bevölkerung und der Wirtschaft der sowjetischen Zone sowie zur Vorbeugung einer Desorganisation des Geldumlaufs folgende Maßnahmen durchzuführen:

- Der Passagierzugverkehr sowohl aus der sowjetischen Besatzungszone heraus als auch zurück wird eingestellt.
- Die Einreise in die sowjetische Besatzungszone wird für alle Arten des Gespann- und Kraftwagenverkehrs aus den westlichen Zonen einschließlich des Verkehrs auf der Autostraße Helmstedt–Berlin gesperrt.

- Der Durchlaß von Fußgängern aus den westlichen Zonen in die sowjetische Besatzungszone Deutschlands mit Interzonenpässen der westlichen Zonen über die Kontrollpassierstellen an der Demarkationslinie wird eingestellt."

Noch durften Ostdeutsche ungehindert in den Westen. Der Güterzugverkehr lief weiter, wurde aber sorgfältig kontrolliert.

Am Dienstag, dem 22. Juni, erschien das „Neue Deutschland" mit der Schlagzeile: „Westgeld schlechtes Geld — Berlin will gutes Geld".

Wieder wurde in diesem Blatt klar gesagt: „Die separate Währungsreform wurde von ihren Schöpfern selbst auf die Westzonen beschränkt. Diese hören an der Elbe auf. Berlin liegt 120 Kilometer östlich der Elbe in der Ostzone. Wir haben daher mit der D-Mark nichts zu tun. Wer mit ihr erwischt wird, fliegt ins Gefängnis. Die Ostzone hatte keine Währungsreform vorbereitet. Ihre gesunde Finanz- und Wirtschaftspolitik machte diese Frage nicht zur brennendsten. Infolgedessen gibt es in der Ostzone keine vorgedruckten neuen Banknoten, während im Westen schon vor Monaten die in Amerika hergestellten neuen Geldscheine angeliefert wurden."

Gesunde Wirtschaftspolitik? Die Menschen im Osten lebten unter genau so elenden Bedingungen wie die im anderen Teil der Stadt.

Schon wurde die neue Deutsche Mark mit Flugzeugen aus dem Westen nach Berlin geschafft. Vorsorglich hatte man sie mit einem groß aufgedruckten „B" gekennzeichnet. Die Bären-Mark, wie Berliner spöttelten. Die Banknoten — die gleichen wie im Westen — steckten in Kisten, diesmal mit Codewörtern wie Whiskey oder Brandy.

Was immer die SED-Presse behauptete: Die DM war im Osten sofort gefragt. Hans-Herbert Gaebel berichtete für die „Frankfurter Rundschau" aus Berlin: „Schon werden

für eine Deutsche Mark 30 Ostzonenmark geboten." Allerdings zauberte das neue Geld in Westberlin keineswegs Kleider, Leckerbissen, langentbehrte Waren in die Schaufenster. Man blieb vorsichtig.
Zuerst herrschte Verwirrung, in der man gute Geschäfte machen konnte. Auch auf kleinster Basis. Im Ostsektor behielten Münzen ihren Wert. Im Westen kursierten sie gleichfalls weiter — mit einem Zehntel ihres alten Werts. So kam es, daß man in der Straßenbahn-Ost für die Fahrt nur zwei Zehnpfennigstücke hinlegen mußte, im Westen aber zwanzig. Wenigstens Schaffner konnten dabei verdienen.

Ostberlin: „Die D-Mark brachte Hunger..."

Nach den Berichten des „Neuen Deutschland" wurde die Lage in der Bizone von Tag zu Tag schlechter. So lasen die Ostberliner am 23. Juni:
„D-Mark brachte Hunger und Not. Zwei Tage nach Abschluß des Geldumtausches in Westdeutschland zeichnen sich in zunehmendem Maße die scharfen Schatten einer Wirtschaftskrise ab, die den Schaffenden riesengroße Lasten aufbürdet... Wie wir aus Frankfurt(Main) erfahren, stehen die vier deutschen Automobilwerke Opel, Volkswagen-Werk, Ford-Werke und Mercedes-Benz vor der Schließung. Betriebe schließen — wachsende Not! Das ist alles, was die separate Währungsreform den Werktätigen im Westen bringt."
Was wollte die SED? Ihre wirklichen Ziele nannte Hermann Matern, Vorsitzender der SED-Landesleitung in Berlin, bei einer Konferenz der Kreis- und Stadtbezirksvorstände: „Was wir gegenwärtig erleben, das ist der Entscheidungskampf, ob Deutschland ein demokratisches Deutschland wird, in dem die arbeitenden Menschen die Grund-

kraft sind und die entscheidenden Positionen innehaben, oder ob es wieder zu einem kapitalistischen Land entwickelt wird, in dem die deutschen Finanzmagnaten herrschen."

Alle wünschten die Einheit — allerdings nur in Ansprachen. Die Wahrheit war: Die Amerikaner wollten unter keinen Umständen ein vereintes Deutschland unter der Vorherrschaft der Sowjets. Ebenso deutlich schien das Ziel der Sowjets: Keine westdeutschen Verhältnisse in ihrer Zone. Sogar von „Ausdehnung der ‚sozialistischen Umgestaltung' auf ganz Deutschland" war die Rede. Auf das ganze Land? Na, wenigstens auf Berlin.

In einem Ost-Aufruf zum 19. Juni wurde das Gespenst des Kapitalismus und der Kolonialisierung beschrieben, das im Gebiet der amerikanischen und britischen Besatzungsmacht alles beherrsche:

„In den westlichen Zonen wurden die Deutschen Bank- und Industriemonopole beibehalten, von denen sich viele jetzt faktisch in Filialen der Wallstreet, d.h. in Filialen der amerikanischen Bank- und Industriemonopole verwandelt haben... Die in den westlichen Zonen geschaffenen bizonalen und trizonalen Organe, die sich als Vertreter des deutschen Volkes bezeichnen, sind, wie die Tatsachen zeigen, Marionetten in den Händen der englischen, amerikanischen und französischen Monopole..."

Dem fügte das „Neue Deutschland" hinzu: „Jetzt sieht das deutsche Volk, daß der Marschall-Plan, für dessen Durchführung eine separate Westwährung erforderlich ist, katastrophale Folgen für Deutschland hat... Die Todesstarre der Wirtschaft in Westdeutschland hätte nur auf demokratischer Grundlage und auf dem Wege der Selbsthilfe des deutschen Volkes in einem einheitlichen Deutschland gelöst werden können. Durch die separate Währungsreform aber wird Westdeutschland zum kolonialen Randgebiet des Westblocks werden."

Befehl Nr. 1: Finanzgeschäfte einstellen

Tatsächlich mußte der Osten sich nicht beeilen. Denn die Militärregierung hatte den wichtigsten Teil ihrer Währungsreform dort schon lange vorher vollzogen und vollendete Tatsachen geschaffen.

Kurz nach dem Einmarsch — bereits vor dem Selbstmord Hitlers! — war im Befehl Nr. 1 vom 28. 4. 1945 vom Oberkommandierenden der Sowjetischen Streitkräfte angeordnet worden: „Inhaber von Bankhäusern und Bankdirektoren haben alle Finanzgeschäfte zeitweilig einzustellen. Alle Safes sind sofort zu versiegeln." Alle Banken und Kreditinstitute wurden, wie sich herausstellte, auf Dauer geschlossen. Bargeld, Wertpapiere und sonstiger Besitz wurden beschlagnahmt, und die Einlagen wurden auf dem Stand vom 1. Mai 1945 blockiert. Die Geschäfte übernahm im Juni 1948 die Berliner Stadtbank. Keine Auszahlung der alten Guthaben. Im März 1946 wurden schließlich jenen Sparern, die 3000 Mark oder mehr auf ihrem Konto hatten, 300 oder notfalls 400 Mark ausgezahlt — eine vorweggenommene Währungsreform.

Die Redner der SED konnten den Hinweis auf Befehl Nr. 1 in jenem Material nachlesen, das ihnen von der Partei als Argumentationshilfe übergeben wurde. Wir fanden eines der Hefte in einer alten preußischen Militärkirche in der Kadettenanstalt Berlin Lichterfelde — dort ist heute die Bibliothek des Bundesarchivs untergebracht. Und das lernten die SED-Leute vor mehr als einem halben Jahrhundert: „In der Ostzone — und in Berlin — wurde durch die Sperrung der Konten gleich nach Kriegsende praktisch ein erster Schritt zur Geldentwertung vorgenommen. Gleichzeitig erfolgte die Demokratisierung der Wirtschaft, die Enteignung der Konzernherren und Junker und die beginnenden Maßnahmen zur Wirtschaftsplanung mit dem Ziel der systematischen Steigerung der Produktion."

Und abends zum Kohlenstehlen

Ein hervorragender Zeuge, ein Fachmann hohen Grades, sagte uns dazu Näheres aus östlicher Sicht. Der Mann heißt Paul Frenzel, Jahrgang 1920. Er wohnt heute in Bad Hersfeld.

Von ihm erfährt man, wie die Deutschen-Ost wirklich lebten. 1948 war er Hauptkassierer einer neugegründeten Landeskreditbanken-Filiale. Sein monatliches Nettogehalt betrug etwa 280 Reichsmark. Davon brauchte seine Frau etwa 60 Mark als Haushaltsgeld – zum Einkauf der Nahrungsmittel und der anderen Waren, die auf Lebensmittelkarten zugeteilt wurden. Für Menschen wie ihn gehörte Not zum Alltag: „Der Hunger war groß, die Lebensmittelrationen klein". Als Hauptkassierer mußte er im Dienst auf den Pfennig genau korrekt sein – abends ging er, wie alle anderen, zum Kohlenstehlen auf den Güterbahnhof.

Paul Frenzel machte große Karriere in der DDR. Von 1952 bis Anfang der sechziger Jahre war er Leiter der Planungsabteilung der Deutschen Notenbank der DDR, aus der die Staatsbank wurde. 1963 erwarb er den Doktortitel, er wurde ordentlicher Professor für sozialistische Planwirtschaft und sogar Berater der Staatsbankpräsidentin Dr. Margarete Wittkowski. Dann fiel Frenzel in Ungnade und setzte sich in den Westen ab. Über sein Leben und seine Erfahrungen schrieb er 1989 ein Buch: „Die rote Mark – Perestroika für die DDR". Dieser Mann nennt die Behauptung, durch die Währungsreform wäre Deutschland gespalten worden, „eine der größten Lügen der Nachkriegszeit". Für ihn begann die Spaltung 1945 – durch eben jenen Befehl Nr. 1 der Sowjetischen Streitkräfte, der die Schließung aller Kreditinstitute anordnete.

Als die Sowjets kamen, wurden nicht nur die Banken geschlossen, sondern auch alle Konten gesperrt, alle Wertpapierbestände beschlagnahmt, alle Schließfächer gewaltsam geöffnet und alle darin aufbewahrten Wertpapiere und Wertsachen konfisziert. Das war der radikalste mögliche Währungsschnitt.

Neue Kürzel schleichen sich ein. Die Ostwährung hieß ursprünglich DMdDN — Deutsche Mark der Deutschen Notenbank. Nach der Staatsgründung taufte man sie MDDR — Mark der DDR.

Die Kontensperrung war für Frenzel ein erster Schritt der stillen Enteignung. Keiner hatte Zugriff auf sein eigenes Konto — alte Schulden mußten trotzdem gezahlt werden, und zwar an die Zentrale Finanzverwaltung. „Mir sind viele Fälle bekannt, besonders aus der Zeit, als ich selbst Filialdirektor war, wie durch diese Zwangseintreibung alter Kredite an sich finanziell solide Privatbetriebe zum Aufgeben gezwungen wurden." Erst später wurden die Guthaben in Zwangsanleihen umgewandelt.

Der Bevölkerung ging es nach der Währungsreform nicht besser als vorher. Ein offiziell optimistischer Ausblick in die Zukunft klang eher kläglich. Am 30. Juni 1948 legte Ulbricht einen Zweijahresplan vor, der verhieß: „Auf Grund des vorliegenden Planes wird es möglich sein, bis 1950 die kartenmäßige Versorgung der deutschen Landwirtschaft auf 2000 Kalorien täglich zu erhöhen. Das sind 30 Prozent mehr als die gegenwärtige Norm."

Unter-der-Hand-Geschäfte blühten weiter. Frenzel: „Den Ausweg sah man letztlich darin, den Schwarzhandel zu verstaatlichen. Anders kann die Handelsorganisation (HO) ‚Freie Läden', die am 20. 10. 1948 in allen größeren Städten ihre Geschäfte eröffnet, nicht charakterisiert werden." Hier konnten Lebensmittel und Luxusartikel legal gekauft werden — zu Schwarzmarktpreisen. Und für DM, wie jeder DDR-Besucher weiß. Wer konnte sich als Ostdeutscher einen Einkauf in solchen Läden leisten? Nach den Unterlagen Frenzels verdienten Facharbeiter selten mehr als 200

Ostmark. Die HO-Läden verlangten für ein Kilo Mehl 15 Ostmark, für ein Kilo Zucker 33 Mark.

Die „Tägliche Rundschau“ hatte gemeldet: „Lebensstandard weiter erhöht“. Der Ärger der Bevölkerung über solche Propagandaworte drang durch bis in die höchsten Gremien der Partei. In einer Mappe des SED-Zentralkomitees wurden Austrittserklärungen und ihre Begründung gesammelt.

Daß es aufwärtsgehe im Osten — das konnten nicht einmal die geschicktesten Redner den Menschen einreden. In vertraulichem Material wird das verklausuliert zugegeben: „Die Aufgabe der Agitation besteht in der Hauptsache darin, durch Verbreitung der richtigen Losungen im richtigen Augenblick die Massen für das gesteckte Ziel zu gewinnen. Bei der Währungsreform war das uns nicht in vollem Umfang möglich.“

Was sagten die Parteispitzen dazu? Wilhelm Pieck — zusammen mit Otto Grotewohl SED-Vorsitzender — machte sich stets während seiner Besprechungen Notizen, die ein Archivar in Schreibmaschinenschrift übertrug. Diese Zettel sind erhalten. Auf einem finden sich diese Stichwörter über die Lage:

Währungskampf in Berlin
Berliner Betriebe fordern Westmark
Lebensmittel — Schwarzhandel
wie Zone absperren

Die Wörter Währungskampf und Zone sind unterstrichen. Auf einem anderen Zettel hatte sich Pieck aufgeschrieben:

Lage in Berlin
Währungskrieg — Spekulation
Ausplünderung der Ostzone
Unzufriedenheit der Arbeiter
Mangel an Kleidung

„Wie Zone absperren“, hatte sich Pieck gefragt. Das besorgten die Sowjets. Schon im April hatten sie den Zugverkehr behindert — jetzt wurde er völlig abgebrochen. Es stellte sich heraus: Viermächte-Abkommen bestanden nur für den Flugverkehr, für die Luftkorridore, die nicht behindert werden durften. Kein Zugang über Schiene und Straße. Damit begann für die Westberliner ein Jahr der neuen Not.

Droht Krieg um Berlin?

Eine böse Situation. General Lucius D. Clay: „Als der Befehl der Sowjetischen Militär-Verwaltung" — Sperrung der Grenzen — „in Kraft trat, waren die drei Berliner Westsektoren mit einer Zivilbevölkerung von rund 2,5 Millionen Menschen auf die vorhandenen Vorräte und den Nachschub über die Luftbrücke angewiesen. Es war einer der brutalsten Versuche der neueren Geschichte, eine Massenhungersnot als politisches Druckmittel zu benutzen. Unsere Lebensmittelvorräte reichten für 36, die Kohlevorräte für 45 Tage. Es war ziemlich schwer gewesen, diese Vorräte aufzuspeichern, denn unsere Beförderungsmittel nach Berlin hatten nie ausgereicht."
Konnte es zu einem Krieg kommen? Clay war anfangs vorsichtig optimistisch. Er sagte bei einer Telefonkonferenz mit Washington: „Wir rechnen nicht mit einem bewaffneten Konflikt... Die Hauptgefahr bilden russisch inspirierte Gruppen deutscher Kommunisten... Die Lage ist gespannt ...Wir haben unsere und die britischen Truppen fest in der Hand, auf sie ist Verlaß. Uns beiden ist klar, daß unsere Regierungen einen bewaffneten Konflikt zu vermeiden wünschen. Trotzdem können wir uns nicht überrennen lassen, und eine feste Haltung bedeutet stets ein gewisses Risiko." Zeitweise sah Clay die Gefahr wachsen. Er verkleidete seine Sorge sehr vorsichtig in der Möglichkeitsform. Er stellte ausdrücklich fest, „daß er seine frühere

Ansicht von der Unmöglichkeit eines Krieges nicht länger aufrecht hielte und das Gefühl hätte, wir könnten nun eine derartige Möglichkeit nicht mehr außer Acht lassen."
Die Amerikaner hatten für ihre Konferenzen mit Washington eine verblüffend modern erscheinende Methode entwickelt: die Bildschirm-Konferenz! Fragen und Antworten — so beschreibt es Clay selbst in seinem Buch „Decision in Germany" — wurden verschlüsselt mit dem Fernschreiber übermittelt und als Klartext auf einem Bildschirm sichtbar gemacht. Diese Art des Konferierens war etwas umständlicher als Telefonieren, sagt Clay. Doch so konnten leichter Mißverständnisse und Mithörer ausgeschlossen werden.
Die Amerikaner bereiteten sich auf jede denkbare Situation vor. Dazu gehörte Krieg. Unter den hinterlassenen Dokumenten sind Rückzugspläne aus dem Frühjahr und dem Sommer 1948. Dokument CC 5182 vom 16. Juni — selbstverständlich „Top Secret" — forderte: „Die Vorbereitung und die Verteidigung am Rhein verlangen als Voraussetzung, daß jeweils ein Alliierter Kommandeur für die Landtruppen und einer für die Luftwaffe ernannt wird. Diese Ernennung sollte als eine Angelegenheit größter Wichtigkeit angesetzt werden."
Immer wieder hatten in Washington Politiker gefordert, die Familien der amerikanischen Truppen auszufliegen. Das könnte sich katastrophal auswirken, meinte Clay. Wenn die Familienangehörigen gingen, würde das Hysterie auslösen und die Deutschen in die Arme der Kommunisten treiben. Das könne ganz Europa anstecken und die Kommunisten politisch stärken.
Clay blieb bei seiner Haltung: „Falls die Sowjets einen Krieg wollen, wird er nicht wegen der Berliner Währungsreform ausbrechen, sondern weil ihnen der Zeitpunkt günstig erscheint. Ich halte die Wahrscheinlichkeit für gering, obwohl sie nicht vollständig übersehen werden kann. Ganz bestimmt versuchen wir nicht, Krieg zu provozieren.

Wir stecken eine Menge Kinnhaken ein, ohne zurückzuschlagen."
Das predigte er immer wieder: „Ich glaube, die Zukunft der Demokratie verlangt von uns, daß wir bleiben... Das ist keine heldische Pose, denn es wird kein bißchen heldisch sein, Demütiges einzustecken, ohne Gleiches mit Gleichem zu vergelten."
Die Engländer hatten ebenfalls schon Rückzugspläne ausgearbeitet. In ihnen stand der Satz: „If we leave Berlin..." Dann müsse man jene Deutschen mitnehmen, die mit den Alliierten zusammengearbeitet hätten, etwa 5000 an der Zahl. Zum Schluß entschieden die Briten wie die Amerikaner: „We must stay." Wir müssen bleiben.

Luftbrücke: Jetzt kommen die Rosinenbomber

Sollten die Amerikaner versuchen, mit einem bewaffneten Konvoi aus Westdeutschland nach Berlin durchzubrechen? Das wurde dem General vorgeschlagen. Aber jetzt hatte er eine Idee, die eigentlich undurchführbar schien. Er werde Berlin aus der Luft versorgen. Britische und amerikanische Flugzeuge aus aller Welt wurden herbeibeordert — die Franzosen konnten sich nicht beteiligen: Ihre Luftwaffe wurde im Indochinakrieg gebraucht. Die Berlin-Aktion hieß bei den Piloten „Vittles" — ein Wort der Umgangssprache, das soviel wie Lebensmittel bedeutete.
Lucius D. Clay schildert in seinem Buch „Entscheidung in Deutschland" die Generalstabsarbeit im Hintergrund: „Die Luftbrücke war kein Notbehelf, sie war von Anfang an ein sorgfältig geplantes Unternehmen, in dem mit Sekundenbruchteilen gerechnet wurde... Um den Fliegern, die nach Deutschland versetzt wurden, Erfahrung zu verschaffen, wurden sie im Staat Montana auf viermotorigen Maschinen ausgebildet. Man hatte dort einen Luftkorridor mit

Einflugbahnen und Navigationshilfen eingerichtet, der dem deutschen genau glich. Und die Luftbrücken-Piloten flogen immer nach dem gleichen Schema, ob das Wetter gut war oder schlecht."

Auf den alten Flughäfen wurden zusätzliche Rollbahnen gebaut – außerdem sollte ein weiterer Flughafen entstehen, und zwar in Berlin-Tegel. Stein-Zertrümmerungsmaschinen wurden im Westen zerlegt, eingeflogen und wieder zusammengeschweißt. Die Hauptarbeit leisteten 20000 Berliner, die in drei Schichten arbeiteten. Aus Bauschutt des Krieges wurden in Handarbeit Rollbahnen – und sie wurden eher fertig, als man es für möglich gehalten hatte.

Der Pilot, der die erste Maschine der Luftbrücke flog, der als längster bei ihr blieb und am häufigsten nach Berlin kam, ein Mann, der mit seiner Kapitänsmütze aussah wie John F. Kennedy in der Kriegszeit als Seemann – dieser Pilot ist noch immer in Berlin.

Er heißt Jack Bennett, wie Clays oberster Finanzberater. Seine Stimme klingt kraftvoll, frisch wie früher, nur zeitweise etwas heiser. Weil er so viele Reden halten muß. Dabei ist er zum Zeitpunkt des Interviews, 1998, bereits 83 Jahre alt. Jack O. Bennett stammt aus Pennsylvania/USA, und er hat vor dem Krieg in Deutschland studiert. Schon im Augenblick der Landung in Bremerhaven wußte er: Hier gefällt es mir. Hier bleibe ich. „Das muß an den Genen liegen", sagt er. Seine Mutter war entfernt deutscher Abstammung.

Er baute in Berlin eine amerikanische Zivil-Fluggesellschaft auf, als Direktor. Am 23. Juni 1948 wurde er vom Militär telefonisch zu Hilfe gerufen. Ob er einen Flug übernehmen könne? Fortan flog er fast jeden Tag. 1000 Flüge habe er in der Zeit der Luftbrücke unternommen, heißt es. Er präzisiert im Gespräch die Zahl. 700mal hat er Berlin angesteuert – vielleicht war es öfter. Dann hat er also minde-

stens 1400mal den Korridor durchquert, den Luftraum, der ein Jahr lang der einzige Zugang zu Berlin war.
In seinem Buch „40000 Stunden am Himmel“ zieht Bennett diese Bilanz: „Die Luftbrücke, die so harmlos mit einem einzigen Telefonanruf in meinem Büro begonnen hat, sollte den amerikanischen Steuerzahlern 350 Millionen Dollar, den britischen 17 Millionen Pfund und den deutschen 150 Millionen Mark kosten. 2,3 Millionen Tonnen“ — tatsächlich waren es etwas mehr — „wurden von amerikanischen und britischen Flugzeugen nach West-Berlin gebracht. Die Luftbrücke dauerte fünfzehn Monate und beschäftigte 57000 Menschen... Ich war fast täglich dabeigewesen, vom ersten bis zum 462. Tag ohne Pause. Aber es war die befriedigendste Aufgabe, die ich jemals gehabt hatte. Ich hatte bei weitem die meisten Flüge absolviert.“ 78 Amerikaner, Briten und Deutsche — Piloten und Flughafenpersonal — kamen ums Leben.
Am 26. Juni hatten die Amerikaner bei 32 Flügen achtzig Tonnen Lebensmittel und Kohle nach Berlin gebracht. Von Tag zu Tag wuchs die Zahl der Maschinen. Jetzt konnten schon 3000, dann 4000 Tonnen pro Tag befördert werden. Der Luftbrücken-Rekord: Innerhalb von 24 Stunden schafften die Amerikaner einmal 1308 Flüge nach Berlin, und das mit 12941 Tonnen Gütern. Praktisch landete jede Minute eine Maschine auf dem Flughafen Tempelhof. Auf dem Radarschirm sahen die Fluglotsen nur eine Kette grüner Punkte. Eine Maschine nach der anderen. Manchmal regnete es sogar Kaugummi und Schokolade vom Himmel. Der 27jährige Leutnant Gail Halvorsen hatte beim Landeanflug beobachtet, daß ihm Kinder zuwinkten. Fortan warf seine Besatzung Süßigkeiten an selbstgebastelten Mini-Fallschirmen herab. Die Berliner nannten die Flugzeuge „Rosinenbomber“.
Trotz der alliierten Hilfe litten die Berliner. Fast alle lebten so wie das Ehepaar Heinz und Susanne Werner, die im

Die Rosinenbomber kommen! Berlin wird aus der Luft versorgt. Kinder jubeln: Oft werfen die Piloten an Mini-Fallschirmen Süßigkeiten für sie ab.
Foto: dpa / Bilderdienst Süddeutscher Verlag.

Luftbrücken-Jahr geheiratet haben. „Den Hochzeitskuchen haben wir aus Grieß und Mehl und Pom gebacken." Pom, das waren getrocknete Kartoffeln, die man einweichen und zu einer Suppe auflösen konnte. Die sah allerdings wie Abwaschwasser aus. Andere Frauen erinnerten sich ein Leben lang, die Trockenkartoffeln hätten nach Veilchen geschmeckt. Amerika lieferte vor allem Trockenobst, Trockengemüse, Trockenfleisch — praktische Leichtgewichte für die Rosinenbomber. Das alles reichte nicht: „Es war zum Leben zuwenig und zum Sterben zuviel." So zog Susanne Werner mit ihren Hochzeitsgeschenken, einer Küchenwaage und einer Miederhose hinaus aufs Land. Dafür tauschte sie Mehl und richtige Kartoffeln ein. Die Fahrt in die Umgebung wurde immer schwieriger. Doch man fand immer neue Schleichwege in die sogenannte Zone.

Man hungerte und man fror. Heizmaterial war äußerst knapp. Anfangs schürten die Werners ihren Küchenherd mit Holz aus den Ruinen. Viele Betriebe mußten ihre Arbeit schon wegen Strommangels einstellen, und die Friseurin Susanne und ihr Mann, der Maschinentischler, wurden schließlich arbeitslos. „Wir gingen Stubben buddeln", erzählt Susanne Werner. Vorsichtshalber übersetzt sie das: „Wir gruben Baumwurzeln aus." Mit ein paar Säcken Holz bezahlte sie die Miete. Heizmaterial nahm man lieber als Geld.

Die Berliner mußten lernen, im Dunkeln zu leben. Strom gab es abends nur stundenweise. „Mal hatte ein Stadtbezirk ein bißchen Licht, mal der andere. Wir sind halt nachts aufgestanden und haben gebügelt oder gekocht, solange der Strom eingeschaltet war." Nachts ging man auch zum Friseur oder zum Arzt.

München erlebte schon den „New Look", die neue Mode aus den USA. Susanne in Berlin lief meist in der Trainingshose herum. Was anderswo Vergangenheit war, dauerte in Westberlin an: „Kleider ließen wir uns aus alten Decken oder Bettlaken nähen. Sogar aus Geschirrtüchern und Taschentüchern haben wir uns was gemacht."

Der Osten bot an, den Westteil der Stadt zu versorgen, wollte ihn also auf friedliche Weise schlucken. Kein Erfolg. General Clay beantwortete schließlich die Blockade Berlins mit einer Gegenblockade. Und die zeigte Wirkung. „Wir wußten, daß die ostdeutsche Wirtschaft beinahe stillstand, während sich in Westdeutschland die Produktion schneller steigerte als irgendwo anders in Europa." Hinter den Kulissen — selbst Clay erfuhr davon erst aus der Zeitung — einigten sich endlich die Politiker auf oberster Ebene: Die Blockade wird aufgehoben, ab dem 12. Mai ist die Zufahrt für Züge und Lastwagen wieder offen. Die Luftbrücke wurde auf Clays Weisung bis Oktober fortgesetzt — um die Vorratslager der Stadt für eine neue Blokkade aufzufüllen. Clays Abschlußbilanz: „Die Luftbrücke war für uns ein Stück Alltagsleben geworden. Meine Berliner Wohnung lag direkt unter unserer Anflugstrecke nach Tempelhof. Ich gewöhnte mich daran, unter dem gleichmäßigen Dröhnen gut zu schlafen, wenn kein Flugzeug in der Luft war, wachte ich auf. In diesem Zeitraum von fast elf Monaten waren die Bevölkerung der Westsektoren und das alliierte Personal am Leben erhalten worden."

Die Luftbrücke veränderte die politische Welt. Der kalte Krieg wurde nach Einführung der Mark noch kälter. Vielen erging es wie dem Piloten Jack Bennett, der angesichts der Ereignisse nur das harte Gesicht der Sowjets erkennen konnte: „Wenn man lange genug in West-Berlin lebt, wird man ein Falke. Es ist unmöglich, eine Taube zu bleiben."

Die Luftbrücke ließ die Deutschen und die Amerikaner näher zusammenrücken. Aus Besetzern und Besetzten wurden Partner mit einem gemeinsamen Ziel. Jetzt waren die Berliner populär in aller Welt, gefeiert für ihren Mut, ihre Ausdauer, ihre Gelassenheit — Helden der Freiheit. Als der Landesvorsitzende der Berliner SPD, Franz Neumann, in den fünfziger Jahren nach New Orleans kam, wurde er sofort zum Ehrenbürger ernannt — und der Autor dieses Buches, der zufällig dabei war, gleich mit. Neumann wirkte so, wie man sich einen Berliner vorstellt. Bärenhaft, gelassen, beeindruckend. Für New Orleans war er der Bürgermeister von Berlin. Ein Mißverständnis. Er war nur stellvertretender Bürgermeister — des Stadtbezirks Reinickendorf.

Die Begeisterung für ihn zeigte es: Berlin wurde bewundert. Die Stadt war zu einem Symbol der Ausdauer und der Kraft geworden, die alle Schikanen ertrug.

Die Berliner nannten sich selbst Insulaner. Mit einem Unterton von Spott. Das Wort Insulaner hatte der Kabarettist Günter Neumann zum Schlager gemacht. Das Couplet, das er schrieb, die Melodie und die Stimme von Edith Schollwer, die das Lied als erste sang, klang den Zeitgenossen — so sie es erlebten — noch nach fünfzig Jahre unvergessen im Ohr:

„Der Insulaner verliert die Ruhe nich.
Der Insulaner liebt keen Jetue nich!
Und brumm' des Nachts auch laut die viermotor'jen Schwärme,
det is Musik für unser Ohr, wer red't da vom Lärme?"

Die Schlußzeilen waren die Überlebensparole für die Berliner:

„Doch daran is nich zu tippen
Berlin bleibt doch Berlin!
Und denken se ooch, wir kippen
demnächst aus den Pantin'n —
Der Insulaner verliert die Ruhe nich..."

Berlin blieb auch nach der Blockade eine Insel, nur durch die Luft und auf sogenannten Transitstraßen zu erreichen, die man nicht verlassen durfte. Während in Berlin oft die Lichter erloschen, während die Luftbrücke dröhnte, erlebte der Westen erst einen Kauf-Rausch und dann eine erste Wirtschaftskrise. Die Preise stiegen und stiegen. Zurück noch einmal in den Sommer 1948.

Gegen Hunger, Armut, Verzweiflung und Chaos

Der Marshall-Plan: Der Osten sprach von Kolonisierung — für den Westen aber begann damit der große Aufschwung. Er war nach Amerikas Außenminister George Marshall benannt. Bereits im Juli 1947 hatte er bei einem Vortrag in der amerikanischen Universität Harvard — die ihm die Ehren-Doktorwürde verlieh — über die Zukunftspläne der Vereinigten Staaten gesagt: „Unsere Politik richtet sich nicht gegen irgend ein Land oder irgend eine Doktrin, sondern gegen Hunger, Armut, Verzweiflung und Chaos. Ihr Zweck ist die Wiederbelebung einer funktionierenden Weltwirtschaft..." In völliger Abwendung vom Morgenthau-Plan wollten die Vereinigten Staaten allen europäischen Staaten beim Wiederaufbau helfen — und Deutschland war mit eingeschlossen. Die Vorschläge des Außenministers wurden im April 1948 zu einem US-Gesetz über Auslandshilfe. Daraus entstand das „Europäische Wiederaufbauprogramm (European Recovery Programm, ERP). Der Marshallplan ging von dem Gedanken aus, daß nur ein wirtschaftlich stabiles Europa auch ein stabiler politischer Block gegen die Sowjetunion sein würde. Europa sollte nicht nur Hilfsempfänger bleiben, sondern Wirtschaftspartner Amerikas werden. Die Vereinigten Staaten setzten für das ERP-Programm insgesamt 13 Milliarden Dollar ein. Deutschland erhielt davon rund 1,4 Millarden. Ein Teil davon, mehr als eine halbe Milliarde, mußte nicht zurückgezahlt werden. Altkanzler Helmut Schmidt in einer Umfrage der SZ: „Diese wirtschaftliche Revolution" — gemeint ist der Aufschwung nach der Währungsreform — „wäre ohne den Marshall-Plan nicht möglich gewesen."

Jetzt werden die Käufer wütend

Eier-Krieg und die Krise der Mark

Auch das gehört zur Geschichte der Mark. Auf deutschen Märkten flogen Tomaten, und Eier wurden zerschlagen. Es waren die turbulentesten Wochen der Nachkriegsgeschichte. Steigende Preise empörten im Sommer 1948 nicht nur die Hausfrauen. So groß war der Ärger, daß die SPD den neuen Wundermann Ludwig Erhard gleich wieder stürzen wollte...

Die Wochenschau „Welt im Bild" zeigte besorgte Hausfrauen-Gesichter, die sich von vollen Gemüse-Ständen wieder abwenden. Sie filmte Proteste auf den Marktplätzen, den Aufmarsch Tausender von Menschen auf dem Münchner Königsplatz. Sie demonstrieren gegen die steigenden Preise. Billig war die Welt nur ein paar Tage lang gewesen, solange Otto Normalverbraucher lediglich sein Kopfgeld und sonst nichts besaß. Als er wieder zum Normalverdiener geworden war, mit Gehalt oder Lohn in vollen DM — da stiegen die Preise. Erhard hatte auch hier die Vorschriften gelockert. Das gehörte zu seiner Politik der Marktwirtschaft. Angebot und Nachfrage — alles sollte sich aus eigenen Kräften ins Gleichgewicht bringen.

Erst einmal aber wurden alle beträchtlich ärmer. Das mit den 40 Mark Kopfgeld war nur der Anfang gewesen. Der nächste Schlag: Am 26. Juni 1948 wurde das Geld, das auf den Banken lag, im Maßstab 1:10 abgewertet. 90 Prozent des Kapitals auf der Bank — einfach gestrichen! Wer hundert Mark besaß, hatte nur noch 10 Mark auf dem Konto. Theoretisch! Doch nicht einmal die blieben ihm ganz.

Frühjahr 1948: Die Amerikaner sorgten dafür, daß jedes Kind an jedem Schultag eine warme Mahlzeit erhielt. Nahrhaft und meist süß.
Foto: Heinz Hering / Bilderdienst Süddeutscher Verlag.

Von dem Rest wurde die Hälfte freigegeben, die andere vorläufig eingefroren. Sie kam auf ein blockiertes Konto, dieses Geld wurde später mit Abzügen ausgezahlt. Insgesamt blieben von 100 Mark nur 6.50 DM übrig. Von einer Mark also 6,5 Pfennig. Welch ein Schnitt!
Wer Arbeit hatte, bekam seinen Lohn oder sein Gehalt 1:1. Die Kaufleute hatten ihre Einnahmen. Jeder verlangte Bargeld. Unwiderstehlich lockten nun die Schaufenster. Dr. Dr. Burlein, Direktor des Landesernährungsamtes Bayern, beobachtete alarmiert, daß sich niemand mehr an die Bewirtschaftung hielt. Wer Geld hatte, kaufte — und wer etwas zu verkaufen hatte, fragte nicht mehr nach Marken. Burlein in einer Rückschau: „... alle wollten markenfrei essen, Starkbier trinken, weißes Brot, Fleisch und Wurst einmal ausgiebig genießen. Auch Kartoffeln gab es wieder frei zu kaufen. Kartoffeln waren genug da, die Preise fielen, weit unter den Festpreis. Eier waren nicht genügend da, die Preise stiegen. Der Herbst kam ins Land und die Hühner in die Mauser. Die Eierpreise stiegen noch höher... Auch das Fleisch wurde plötzlich zum Luxus. Auf Marken war nichts mehr zu bekommen, ‚ohne' alles."
Die Nachfrage ließ die Preise emporschnellen — und in gleichem Maße wuchs der Zorn der Normalverbraucher. Wir zitieren aus der offiziellen Münchner Stadtchronik:
29. Juli 1948: „Die Bevölkerung ist in zunehmendem Maße über die steigenden Eierpreise empört. Ein Ei kostet zwischen 35 und 42 Pf. Heute muß das Überfallkommando am Viktualienmarkt einen Eierhändler vor einer aufgebrachten Menschenmenge schützen. Das Resultat der ‚Revolte' ist eine Anzahl Brucheier."
31. Juli: „Auf dem Viktualienmarkt kommt es zu einer „Eierschlacht", in der sich die Empörung der Bevölkerung über steigende Preise Luft macht. Einer Eierhändlerin, die für das Ei 37 Pf verlangt, werden die Eierkisten abgenommen und zusammengeschlagen. Eierhändler werden tätlich

angegriffen und müssen von Überfallkommandos der Polizei geschützt werden."
20. August: „Mit Empörung meldet die Presse im August, daß Großhändler viele Millionen Eier in Kühlhäusern eingelagert hätten, die sie vor der Währungsreform für 11 alte Pf einkauften. Diese Eier für jetzt 1,1 neue Pf kommen nun im Einzelhandel für zwanzig bis 30 Pf zum Verkauf, also mit einem Gewinn von 1000 bis 2000 Prozent für Groß- und Einzelhandel."
Eierkrieg auch anderswo. In Bremen zerstörte die aufgebrachte Menge eine Wagenladung Eier. Sie sollten pro Stück 55 Pfennig kosten. Vor ein paar Tagen hatte man auf dem Schwarzmarkt mit Freuden acht bis zehn Mark pro Ei bezahlt.
Die Preise für Textilien — Kleider, Wäsche, Anzüge, Mäntel — stiegen im Vergleich zur Zeit vor der Währungsreform um 15 bis 20 Prozent. Das nahm man noch hin. Damenstrümpfe aber wurden zum unerschwinglichen Luxus: „200 Prozent Preissteigerung" melden die Zeitungen. Schmerzhaft teuer Lederschuhe und Schuhreparaturen.
In vielen Städten flogen Tomaten, marschierten Hausfrauen protestierend durch die Straßen. Überall Zorn über die Preise. Und ein neues Wort kreiste: Währungsgewinnler. Das waren jene, die ihre gehorteten Waren aus den Lagern geholt und hübsch verdient hatten.
Der Normalverbraucher war arm dran. Der Journalist Jochen Steinmayr — ein künftiger großer Zeitungsmann — blickte in die Haushaltskasse einer Witwe mit drei Kindern, die insgesamt 84 DM Rente erhielt:
„Die auf Karten ausgewiesenen Lebensmittel kosten für den Normalverbraucher 16.21 DM, die Lebensmittel einer Kinderkarte 18.76 DM, die Gesamtausgaben dieser Frau würden also allein für die bewirtschafteten Lebensmittel 72.49 DM betragen. Mit den ihr verbleibenden 11.51 DM

hat sie alles andere zu bezahlen: Miete, Licht, Brennmaterial, Kleidung..."
Die offiziellen Marktbeobachter sahen nur das Positive. Der Monatsbericht des Militärgouverneurs für Juli 1948 stellte erfreut fest:
„Die Währungsreform hat sowohl eine psychologische wie eine materielle Revolution des Lebens der Deutschen bewirkt. Psychologisch hat sie die Hoffnung auf bessere Zeiten und bessere Lebensbedingungen geweckt. Hochstimmung und Optimismus treten an die Stelle von Skepsis und Pessimismus, die bisher vorherrschten. Höflichkeit gegenüber den Kunden ist wieder eingezogen in Läden, Restaurants, Hotels, Bahnhöfen und allen Orten, wo das Geld des Kunden wieder respektiert wird... Der Kunde ist wählerisch geworden. Zum ersten Male seit Beginn des Krieges spürt der Handel wieder die Zurückhaltung des Kunden. Ersatzartikel von Backpulver bis zu Parfüms sind selbst zum niedrigsten Preis unverkäuflich... Die materiellen Verbesserungen, die durch die Währungsreform ausgelöst wurden, wurden schlagartig sichtbar. Eier, Früchte, Gemüse, und die meisten anderen Verbraucherartikel werden frei verkauft..."
Soweit die Militärregierung. Ludwig Erhard übertrieb ebenfalls nicht, als er kühne Produktionssteigerungen bekanntgab: „Im Juni wurden 49000 Fahrräder hergestellt. Im August waren es 93000. Bisher kamen pro Monat 680000 Paar Straßenschuhe in den Handel — im August waren es 1796000."
Es war von Kaufwut, von Freiheitstaumel die Rede. Die neue Fülle machte beinahe Angst. Werner Friedmann, der Gründer der „Abendzeitung" und Mitherausgeber der „Süddeutschen Zeitung", schilderte die zwiespältigen Gefühle in einer Glosse:
„Da kam plötzlich das D-Mark-Wunder... Einer Fülle von Waren, wie sie selbst in der Phantasie kaum mehr vorstell-

bar war, stand ein schwindsüchtig gewordener Geldbeutel gegenüber. Zu üppig waren mit einem Mal die Speisekarten, auf denen Russische Eier, Bachforellen, Gänsebraten und Butterkremtorten, begleitet von wohlsortierten Weinen, auftauchen, als sei das immer so gewesen. Zu üppig waren die Auslagen der eben noch mit elenden Attrappen dekorierten Geschäfte, zu freundlich die Mienen der eben noch verdrossenen Handelsleute, die zum Einkauf einluden, zu bieder die Gesichter der Gepäckträger, Taxichauffeure und Arbeitseifrigen, die über Nacht ihre Qualitäten für ein geordnetes Berufsleben entdeckten. Zu eilfertig die Ankündigung der Freigabe von Gütern von seiten gewisser Experten... Denn nur ganz wenige können von diesen verlockenden Angeboten Gebrauch machen. Die vielen, vielen anderen aber, deren magere Lohntüten mit den jäh aufwärts strebenden Preisen nicht in Einklang stehen, litten Folterqualen wie nie zuvor. Denn nun sehen sie auch noch jene so lang entbehrten Gegenstände, die sie sich nicht leisten können.“

Angst vor großen Wünschen

Die Allensbacher Meinungsforscher, die schon in jenen Jahren die Deutschen befragten, sahen die Lage nicht anders: „Mit den ersten Lohnauszahlungen stiegen die Preise und schoben sich wie eine Glaswand vor die begehrten, so dringend benötigten Dinge. Die meisten konnten sie nur noch betrachten und nicht mehr nach Hause tragen.“
Die Allensbacher hatten außerdem gefragt: ‚Was würden Sie tun, wenn Sie heute überraschend 1000 Mark erhielten?‘ — eine schier unvorstellbare Summe für die Hungerjahre. Bezeichnend für die Allensbacher schon der Ton der Antworten: „Einsilbig in ihrer Ernsthaftigkeit, wirken sie oft wie die Aussagen der armen Leute aus dem Märchen.

Die Mehrzahl wagt nur einen Wunsch zu nennen — als sei es selbst bei einem solchen Spiel vermessen, über die Stränge zu schlagen. 45 Prozent wollten mit einem Teil der Summe nur zusätzliche Nahrungsmittel kaufen, ‚um immer satt zu werden'." Für Luxus, Wein oder Feste hätten nur 13 Prozent Geld ausgegeben. „Der Mangel ist oft so massiv, daß er die Phantasie erstickt."
Für Erich Kuby, in jenen Jahren ein aufgehender Stern in der Reporterwelt, war die Währungsreform nichts anderes als ein „Volksbetrug", ein „sozialer Skandal, weil allein diejenigen ungerupft davongekommen sind, die mit ungeheuren Gewinnen Hitler die Rüstung und den Krieg finanziert hatten". Mehr noch: „Gerade die Gauner, die bis zur ‚Währungsreform' in der Schwarzmarktillegalität ihre fabelhaft einträglichen Geschäfte betrieben hatten, konnten darin nunmehr ganz offen, von den Währungsgesetzen geschützt, bruchlos fortfahren."

Mißtrauensantrag gegen Erhard

Auf der einen Seite also die Währungsgewinnler, auf der anderen die schmerzhaft spürbare Armut. Das provisorische Parlament der Bizone, der Wirtschaftsrat, griff den Ärger der Westdeutschen in seiner 20. Vollversammlung am 17. August auf. Und Ludwig Erhard mußte diesen Antrag der SPD-Fraktion hören:
„Der Wirtschaftsrat wolle beschließen: Der für die Wirtschaftspolitik verantwortliche Direktor der Verwaltung für Wirtschaft wird abberufen."
Was Erwin Schoettle, Sprecher seiner Partei, zur Begründung sagte, klang zunächst wie ein Kompliment: „Es ist tatsächlich durch die Lockerung der Bewirtschaftung, durch die Beseitigung von Bewirtschaftungsvorschriften, durch den Abbau eines gewissen Bewirtschaftungsappara-

tes — wozu die Verwaltung für Wirtschaft nicht zuletzt gehört — ein großer Fortschritt erzielt worden. Wir sind durchaus der Meinung, daß das notwendig war, und wenden uns auch nicht im geringsten dagegen."

Er wende sich dagegen, „daß man das Kind mit dem Bade ausgeschüttet und mit der Bewirtschaftung zugleich die Preisbindungen beseitigt hat. Dadurch hat man eben tatsächlich eine Entwicklung in Gang gesetzt, der man nun nicht mehr Herr wird." Hier stimmten mit ihm, sagte Schoettle, viele überein, sogar „sehr, sehr maßgebende Leute aus den Kreisen der CDU".

Schoettle, der sehr höflich begonnen hatte, griff zu drastischen Worten, als er von Währungsgewinnlern sprach, die etwa in Norderney ihre Gewinne verpraßten: „Ich weiß, daß es genau so viel anständige Menschen in Industrie und Handel gibt, wie es Schweinehunde gibt. Ich bedaure nur, sagen zu müssen, daß die Zahl der Schweinehunde unbedingt größer geworden ist."

Diesen Menschen, den Hortern, habe Erhard „die volkswirtschaftliche Theorie geliefert". Die Diskrepanz zwischen Einkommen und dem, was man zum absolut nackten Leben braucht, werde immer größer. Die Ansprüche der Menschen müßten auf das „Allerprimitivste" zurückgeschraubt werden.

Schoettle kam auf die Eier-Bewirtschaftung zu sprechen, die aufgehoben worden war. Dafür habe kein Sachverständiger ein gutes Wort gefunden. Das Ergebnis der bisherigen Wirtschaftspolitik sei „eine wachsende Unruhe in breiten Schichten". Kein Wunder, „daß es auf den Marktplätzen heiß hergeht und die Tomaten und Kohlköpfe fliegen".

Erhard konterte mit Erfolgszahlen. Offensichtlich war für ihn, „daß in den Wochen seit der Währungsreform der deutsche Normalverbraucher unendlich viel mehr konsumieren konnte als in den drei Jahren der Zwangswirtschaft zusammengenommen".

Ludwig Erhard wandte sich immer wieder an die Öffentlichkeit und erinnerte an die Zeit vor der Währungsreform: „Es gab keine geordnete Produktion mehr, es gab vor allen Dingen keinen Güteraustausch mehr, es gab nur noch einen zusammengewürfelten, seelenlosen, verantwortungslosen Haufen von Lebensangst geplagter Individuen, wo jeder, so gut er konnte, seine physische Existenz zu bewahren suchte. Diesen Zustand haben wir überwunden. Es hat wie ein Wunder angemutet, obwohl es nur wohldurchdachte Planung im besten Sinn des Wortes war, daß wir dieses gesellschaftlichen Chaos' auf der Grundlage einer neuen Währung dank eines entschlossenen wirtschaftspolitischen Kurswechsels in wenigen Tagen Herr werden konnten."

Er spürte die Krise. Die Gewerkschaften riefen schließlich sogar im November zu einem Generalstreik auf. Erhard in seinen Erinnerungen „Wohlstand für alle": „Schon glaubten die Sozialdemokraten ihre Stunde gekommen, die Stunde des wirtschaftlichen Zusammenbruchs. Die Gewerkschaften verfügten sogar einen eintägigen Generalstreik gegen die Fortführung der Marktwirtschaft. Auch sie wollten die Bewirtschaftung wiederhaben. Wir wollten das nicht. Also kam es auf die besseren Nerven an ..."

Erhard behielt die guten Nerven. Er sprach im Frühsommer 1948 übrigens noch von „sozial verpflichteter Marktwirtschaft". Das Wort „soziale Marktwirtschaft" entdekken wir in seinen Reden erst 1949, und wenn nicht alles trügt, hatte die „Heidenheimer Zeitung" die Ehre der Premiere. Sie gehört auf jeden Fall zu den frühesten Fundstellen. Erhard kandidierte dort für die erste Bundestagswahl. Er blieb parteilos, trat jedoch für die CDU in die Arena. Die „Heidenheimer Zeitung" stellte die Kandidaten vor. Als erster durfte sich Erhard am 2. August 1949 mit einem Aufruf „An die Wähler!" wenden. Und er verkündete gleich im zweiten Satz: „Das wirtschaftliche Programm ist klar: Wir vervollkommnen und vollenden das System der sozialen Marktwirtschaft."

Da war das Wort. Und es wurde zum Wahlkampf-Schlager. Zum Slogan des Jahrzehnts. Mit ihm konnte Adenauers Partei siegen. Erhard hat den Ausdruck keineswegs geprägt. Das Wort und das Gedankengebäude, die in ihm steckten, übernahm Erhard von einem hochrangigen Wissenschaftler: Professor Alfred Müller-Armack.

Dieser hatte gleichfalls schon im Krieg seine Gedanken entwickelt und 1947 in einem Buch veröffentlicht. Seine These: Freie Marktwirtschaft sei die einzige Alternative, die man dem marxistischen Sozialismus entgegenzusetzen habe. Er wandte sich ab von der völlig freien, rücksichtslosen liberalen Marktwirtschaft alter Prägung, seine Marktwirtschaft sollte soziale Planung und wirtschaftliche Freiheit in sich vereinigen. Erhard holte ihn von der Universität Köln 1952 als Chef der Grundsatzabteilung ins Wirtschaftsministerium und machte ihn 1958 zum Staatssekretär.

Viele Schriften der ersten Nachkriegszeit klingen heute weitschweifig, umständlich, manchmal pathetisch. Müller-Armack fiel auf durch klare, eingängige Sprache. Er sah nicht nur die europäischen Zusammenhänge, für ihn begann die Wirtschaftsordnung ganz unten. Schon 1947/48 sprach er zum Beispiel von sozialer Betriebsordnung, von Mitgestaltungsrecht, von konjunkturpolitischer Beschäftigungspolitik und Tarif-Vereinbarungen auf freier Grundlage: Er zählte auf, was zur Grundlage der Wirtschaftspolitik wurde.

Die Mark hatte in den folgenden Jahren noch viele Krisen zu überwinden. Aber sie gehört noch immer zu den stabilsten Währungen der Welt, auch wenn sie nach Rechnung der Nationalökonomen seit 1948 viel von ihrer Kaufkraft verloren hat. Eine Mark von heute ist im Vergleich zu einst nur noch dreißig Pfennig wert. Aber die Mark wurde zum Zugmittel, zur Attraktion für die Menschen im Osten. Es war natürlich nicht nur die Sehnsucht nach der Wiedervereinigung, sondern der ehrbare, verständliche Wunsch, an dem Anteil zu haben, was die im Westen sich mit der Mark kaufen konnten: zum Beispiel die Freiheit des Reisens. Für die Freiheit, die ihnen die Mark versprach, brachen die Menschen durch den Eisernen Vorhang und rissen die Mauer nieder. Für uns Reporter in Berlin war das Ende der DDR gekommen, als die Barfrau des Hotels am Bahnhof Friedrichstraße erklärte. „Von jetzt an nehme ich alle Währungen der Welt, nur nicht die eigene.“ Das war die Stunde, als die Mauer geöffnet wurde.

Die Mark, die Mauern einreißt...

Ein Vergleich der Wiedervereinigung — bei der die Ostmark 2:1 umgewertet wurde — mit der Währungsreform von 1948 verbietet sich. Professor Hans Möller, der in Rothwesten mit dabeigewesen war, sah jedoch bei einem Gespräch 1990 in München wenigstens einen roten Faden von damals in die Gegenwart: Das, was die Spaltung erzwungen hatte, die verschiedenen Wirtschaftssysteme, würde nun die Wiedervereinigung erschweren. „Die Währungsreform damals war — ich formuliere es überspitzt — relativ einfach. In der DDR dagegen besteht seit 42 Jahren eine zentrale Verwaltungswirtschaft. Das Rechnungswesen der Firmen weicht von unserem völlig ab. Sie sind in keiner Form auf Marktwirtschaft ausgerichtet. Es gibt auch kein Steuer-System, das dem unseren vergleichbar ist. Die Einführung der DM ist deshalb nicht nur ein monetäres Problem. Es muß drüben eine ganz andere Wirtschaftsordnung geschaffen werden... Wie kann man in so kurzer Zeit, wie Bonn glaubt, Firmen und Banken ins Leben rufen, die in der Lage sind, marktwirtschaftliche Dispositionen zu treffen. Da bin ich pessimistisch. Das braucht erhebliche Zeit." So war es.

Immerhin lernten wir dabei: Die Mark hatte das Land zuerst gespalten, jetzt wurde sie zur mächtigen Triebfeder der Vereinigung. Wir erlebten es zum zweiten Male, in der DDR wie in Rußland und all den anderen Ländern des Ostens, wie Geld die Menschen verwandelte. Geld machte das Gemüse reif und mißmutige Kellner eilfertig. Die Mark konnte Mauern einreißen — echte Mauern und Mauern der Unlust. Wie gehabt.

Neues Geld macht Angst und Hoffnung. Wir sehen dies wieder beim Euro. Die Mark teilte das Land, der Euro soll einen ganzen Kontinent einen. Die Mark ließ Deutschland zur Wirtschaftsmacht werden — nun soll der Euro das keineswegs immer einige Europa zu einem Wirtschaftsblock machen, der mit den USA und Asien Schritt halten kann. Daß die Deutschen ihrer Mark vertrauen, zeigt sich gerade jetzt an dem Unbehagen, an dem Mißtrauen, mit dem man die alte Währung gehen sieht.

Was die Zukunft bringt? Sie wird in einem Haus gemacht, nicht weit von jenem Gebäude entfernt, wo 1948 die große Wirtschaftsdebatte stattfand und Erhards „Ermächtigungsgesetz" erlassen wurde. In einem Hochhaus, in dem viele Sprachen zu hören sind. Gerade standen wir noch auf dem Dachboden einer Kaserne in Rothwesten, wo man über das Geld von morgen beriet. Und jetzt meldet sich in Frankfurt das Jahr 2002 an, in der Kaiserstraße 29...

260 Milliarden werden Altpapier...

Im Augenblick sind in Deutschland rund 2,6 Milliarden Geldscheine mit einem Wert von 260 Milliarden Mark im Umlauf. Gesamtgewicht: Etwa 2600 Tonnen. Dazu kommen zwei Milliarden Münzen im Wert von 15 Milliarden Mark. Sie alle müssen nach der Einführung des Euro Zug für Zug eingezogen und vernichtet werden. Darin hat die Bundesbank Erfahrung. Im Augenblick werden jährlich über 600 Millionen Banknoten vernichtet, weil sie zu unansehnlich oder beschädigt sind. In den letzten Jahren ist die Zahl der gefälschten Banknoten gestiegen — auf ca. 34000 Stück pro Jahr. Auch die Qualität der Fälschungen hat zugenommen. Unmittelbar nach der Währungsreform 1948 versuchten Fälscher sofort verstärkt ihr Glück. Ähnliches wird nach der Einführung des Euro befürchtet. Diesmal haben es Fälscher schwerer. Der Euro ist viel besser gesichert als einst die Mark made in USA.

Frankfurt — die Zentrale des neuen Geldes

Wie der Euro zu seinem Namen kam...

Euro: das ist das Wort des Jahres — wenn wir darunter einen Begriff verstehen, der plötzlich auftaucht, an Bedeutung gewinnt und unser Leben auf Dauer verändert. Der Euro hat sogar eine feste Adresse: Frankfurt, Kaiserstraße 29, der Euro-Tower. Hier in Frankfurt ist die Zentrale des neuen Geldes, das bis Ende 2002 die Mark ersetzen wird.

Wer am Frankfurter Hauptbahnhof aus dem Untergrund kommt und die Rolltreppe zur Kaiserstraße emporfährt, der sieht den Euro-Tower förmlich aus dem Boden wachsen, nur ein paar Gehminuten entfernt. 36 Stockwerke hoch, viel schimmerndes Glas, in dem sich gegenüberliegende Häuserfassaden der Jahrhundertwende spiegeln. Der Tower, ein über einhundert Meter hoher Büroturm, ist das Hauptquartier des Euro. Ein Haus, von dem die Industrie- und Handelskammer Frankfurt hofft, daß damit die Stadt, die mit 390 Kreditinstituten schon das deutsche Finanzzentrum ist, aufsteigt zu europäischer Bedeutung. Noch wissen offenbar nicht alle in der Stadt, was sich hier tut. Eine junge Polizeibeamtin schaut bei der Frage, ob das Gebäude in der Kaiserstraße wirklich der Euro-Tower sei, vorsichtshalber zu einem älteren Kollegen hinüber, der zugehört hat und nickt. Ja, er ist es. Das Haus macht Euro-Geschichte:

- Das Europäische Währungsinstitut bereitete hier seit 1994 die Einführung des Euro vor — analysierend, koordinierend, Verbindungen aufbauend, Grundlagen schaffend. Hier wurden und werden die sogenannten Konvergenzkriterien geprüft: ob die angehenden Mitgliedsländer die Bedingungen für die Aufnahme in die Währungsunion erfüllen. Das Europäische Währungsinstitut — im Deutschen meist nur mit der Abkürzung EWI bezeichnet — schaffte das technisch-organisatorische Fundament für die Zukunft. Das Ziel hieß: Das europäische System der Zentralbanken wird in die Lage versetzt, seine Hauptaufgabe erfüllen zu können, die Wahrung der Preisstabilität.

- Die Staats- und Regierungschefs der Europäischen Gemeinschaft haben am ersten Mai-Wochenende beschlossen, welche Länder am 1. Januar 1999 der Europäischen Währungsunion angehören werden: Belgien, Deutschland, Finnland, Frankreich, Irland, Italien, Luxemburg, Niederlande, Österreich, Portugal und Spanien. Damit hatte das Europäische Währungsinstitut seine Aufgabe erfüllt — es kann abgelöst werden von der Europäischen Zentralbank, die Zentrum eines Systems von europäischen Zentralbanken ist und künftig die Geldpolitik steuert. Sie wird vorläufig ihren Sitz in der Kaiserstraße, im Euro-Tower behalten. Eine Verlegung innerhalb Frankfurts steht zur Zeit nicht zur Diskussion.

Ein ganz internationales Haus. Im öffentlich zugänglichen Foyer fünf Säulen, verkleidet mit Kunstwerken aus Glasmosaik des Künstlers Heiner Blum. Sie sind, wie sich herausstellt, 1996 und 1997 in München entstanden: in der weltbekannten Mayerschen Hofkunstanstalt. Heiner Blum hat seine Entwürfe, seine Vorlagen mit dem Computer in Punkte zerlegt und die Punkte vergrößert: So entstanden die Grundformen für das Mosaik, das auf Leinwand zusammengefügt wurde: eine Art Teppich, mit dem nun die Säulen verkleidet sind. Auf der mittleren als Mosaik die Gesichter von Menschen aus allen Teilen der Welt, rechts ein schimmernder Blick in die Welt der Atome. Auf den anderen Säulen der Blick ins All und auf den Planeten Er-

Frankfurt Kaiserstraße. Der Euro-Tower, die Zentrale der Verwaltung des neuen Geldes.
Foto: Vario-Press / Bilderdienst Süddeutscher Verlag

de. Ein Bild des Universums aus Glasmosaik, vom Mikrokosmos zum Makrokosmos. Steine aus Italien, ein Kunstwerk aus München, ein Bild der Welt – auch das gehört zur Begegnung mit dem Euro.

Im Euro-Tower wurden für das Währungsinstitut 24 Stockwerke gemietet, hier arbeiten mehr als 400 Experten vieler Fachrichtungen an der Zukunft des Euro, und ihre Zahl wird weiter steigen. Durchschnittsalter: 35 Jahre. Sie kommen aus fünfzehn Ländern, man merkt es sofort. Das Telefongespräch wird auf Englisch angenommen, die erste Pressedame, mit der wir reden, spricht mit einem leicht französischen Akzent, ihre Chefin stammt aus Portugal. Es entsteht dennoch keine babylonische Sprachverwirrung. Das Haus kommt mit einem kleinen Dolmetscherstab aus. Der erste Chef des Währungsinstituts, Alexandre Lamfalussy aus Belgien, hat bereits bei der Gründung des Europäischen Währungsinstituts dafür plädiert, daß als Umgangssprache Englisch verwendet wird – ohne daß dies formell festgelegt wurde, einfach als praktische Lösung. Davon bleibt natürlich das Recht unberührt, wichtige Dokumente in allen Sprachen der Europäischen Union vorzulegen. Die Sitzungen finden in der Regel in Englisch statt. Wenn der Rat des Europäischen Währungsinstitutes tagt – ihm gehören der EWI-Präsident und die Chefs der EU-Zentralbanken an –, wird auch Deutsch und Französisch gesprochen. Alles Wichtige, etwa die letzte Rede des neuen Zentralbank-Präsidenten Wim Duisenberg in Hongkong, ist auch im Internet nachzulesen: http://www.ecb.int. Auch über freie Stellen – gerade sind einige interessante Positionen zu besetzen – informiert das Währungsinstitut via Internet. Hohes Fachwissen, gute Englisch-Kenntnisse und eine weitere europäische Sprache werden von allen verlangt. Im Euro-Tower gibt es keinen Verteilungsschlüssel über die Zahl der Mitarbeiter aus den einzelnen Staaten. Kompetenz soll entscheiden. Ganz allgemein gilt für alle:

„Wir vertreten europäische Interessen", sagt Peter-Wilhelm Schlüter, Leiter der Verwaltungsdirektion.

Ein Wort hört man im Euro-Tower höchst ungern: Währungsreform. Eine Aufklärungsbroschüre der „Aktionsgemeinschaft EURO" sagt deutlich, warum: Der Unterschied zwischen der Währungsreform und einer Währungsunion ist in den Augen der Fachleute so groß wie der zwischen dem Bankrott einer Firma und dem Zusammenschluß zweier gesunder Firmen. Die Währungs*reform* wird nötig, wenn das Geld unheilbar krank ist. Bei der Währungs*union* schließen sich Staaten zusammen, deren Finanzwesen — bei allen wirtschaftlichen Problemen unserer Zeit — geordnet und gesund ist. Die Öffentlichkeit hat die Diskussion über die Kriterien, die angelegt werden, miterlebt. Das erklärte Ziel: Die Union soll nicht krankes Geld gesund machen, sondern gesundes Geld noch stärker werden lassen.

Von den obersten Stockwerken des Tower kann man hinabblicken auf Frankfurt — und ein bißchen in die Vergangenheit. Auch die Kuppel des Gebäudes der Industrie- und Handelskammer ist zu erkennen, wo 1948 der Wirtschaftsrat tagte und Ludwig Erhard die Ermächtigung gab, die Zwangswirtschaft nach seinem Ermessen aufzuheben.

Im Schatten eines anderen Hochhauses, nicht weit vom Main entfernt, ist das Gebäude der IG-Farben zu erahnen. Einst der Sitz des Militärgouverneurs John F. Clay. Auch wenn die Ereignisse von damals und heute unvergleichbar sind — eine Parallele gibt es. Die wichtigsten Wirtschaftsleute dachten schon vor einem halben Jahrhundert an Europa.

Edward Tenenbaum zum Beispiel und die europäische Währung — das ist keine hypothetische Frage. Tatsächlich arbeitete Tenenbaum schon 1948 an solchen Projekten. Zitat aus seinem Lebenslauf, vorbereitet offenbar für eine Publikation: Innerhalb des Marshallplans „war seine Haupt-

aufgabe die Entwicklung von Plänen für die European Payment Union (EPU)" — ein allererster Schritt zur europäischen Währungseinheit.
Auch Erhard, Müller-Armack und alle anderen wichtigen Wirtschaftsleute vor einem halben Jahrhundert wünschten sich, forderten eine europäische Zusammenarbeit. Das war ebenfalls das Ziel des Marshall-Plans. Gleich gültig das Motiv: ob man Europa zu einem Wirtschaftsblock gegen die Sowjetunion aufbauen oder ob Amerika sich vor allem Europa als Handelspartner sichern wollte. Ohne Zusammenarbeit kein gesundes Europa.
Wird der Euro erreichen, was schon seine Vorväter als Ziele setzten? Wenn wir einmal aus etwa dem Jahre 2008 zurückblicken werden, in alten Zeitungen blätternd, werden wir eine reiche Auswahl an Prognosen studieren können. Grob sortiert, entdecken wir zwei Kategorien — skeptisch sind vor allem Wirtschaftswissenschaftler und wohl ein Großteil der Bevölkerung. Politiker, Industrielle und die Presse dagegen schwanken zwischen verhaltenem und lautem Jubel.
Das „Handelsblatt" im April 1998: „Die Zuversicht der Politiker steht im diametralen Gegensatz zur tiefen Skepsis der meisten Wirtschaftswissenschaftler." Aus dem „Handelsblatt" übernehmen wir für unser Wörterbuch der neunziger Jahre die Begriffe „Eurobrandstifter", „euroskeptisch" und „Eurorisiken".
CDU-Generalsekretär Peter Hinze nannte die Entscheidung zur Union „ein epochales Werk", SPD-Chef Oskar Lafontaine sah immerhin „den Beginn eines neuen Kapitels der deutschen und der europäischen Geschichte" gekommen. Und der Präsident des Bundesverbandes der deutschen Industrie, Hans-Olaf Henkel, sagte hoffnungsvoll: „Der Euro wird uns Beine machen."
Zu den Zeitungen und Zeitschriften, die wir uns aufheben für den Rückblick „Zehn Jahre Euro", gehört auch die

„Wirtschaftswoche“ vom 30. April 1998, die mit der Titelgeschichte „Weltmacht Europa“ erschien. Sie zitiert viele hoffnungsvolle Stimmen. Vorsichtige Tendenz: „Die Aufstiegschancen für die Alte Welt stehen nicht schlecht.“ Alles dank des Euro. An einem fernen Jahrestag wird man auch „The Wall Street Journal Europe“ zitieren, das in Brüssel erscheint. Schlagzeile einer Sonderseite: „The Euro Revolution“. Jeder, der in die Zukunft blickt, läßt sich ein Hintertürchen offen. Fehlschläge sind nicht auszuschließen. „Auf jeden Fall“, sagt das britische Blatt, „gehört der Start des Euro zu den bedeutendsten Ereignissen, über die das ‚Wall Street Journal‘ jemals berichtet hat“ — wozu gesagt werden muß: in den fünfzehn Jahren seines Bestehens. Die „Wirtschaftswoche“ erwähnt eine Krankheit „Eurosklerosis“: Ein Erstarren im Wohlfahrtsstaat, gehemmt von zu hohen Steuern, gebremst von übermäßigem Regulieren. Diese Krankheit erscheine jetzt heilbar. Genau im gleichen Sinn sagte das „Wall Street Journal“: Wenn alles gut gehe, werde man den Abschied nehmen von zu hohen Steuern, zu hohen Staatsausgaben, den hemmenden Gesetzen über Arbeit und der Chronischen Arbeitslosigkeit. Wörtlich, fürs Zitieren im nächsten Jahrtausend: „It will be the dawn of new era of unprecedented economic prosperity and growth.“ Der Startschuß zum Euro sei die Morgendämmerung einer neuen Ära von noch nie dagewesenem wirtschaftlichem Aufblühen und Wachstum.

Willkommen im Euroland

Die Amerikaner prägten — nehmen wir die Zeitschrift „Newsweek“ — gleich einen neuen Namen für jene Staaten, die schon 1999 die gleiche Währung einführen. „Welcome to Euroland“ stand auf der Titelseite des Nachrichtenmagazins. „Sicherlich ist EMU“ — European Monetary Union, Währungsunion — „das größte europäische Projekt seit dem westfälischen Frieden von 1648", der den Dreißigjährigen Krieg beendete. „Newsweek" will die wirtschaftlichen Auswirkungen nicht überschätzten. Auf jeden Fall handle es sich um das „wichtigste Heilmittel für die alten Wunden des Kontinents. Es verbindet Nationen, die einst einander in Stücke rissen."

„Newsweek" entdeckte Zahlen, und sie treffen zu, die eigentlich sehr vielversprechend klingen. Die Journalisten fragten nach bei Daimler-Benz in Stuttgart, wo man sich besonders schnell und entschlossen an die Umstellung auf den Euro macht. Dort ergibt die Rechnung: Einige hundert Billionen Computer-Bytes müssen für die Währungsumstellung geändert werden. Das ist teuer. Die Einführung des Euro wird Daimler ungefähr 200 Millionen Mark kosten. Aber dann spart der Konzern jedes Jahr 100 Millionen. Jedes Jahr! Weil Umwechselgebühren wegfallen. Die Industrie begrüßt deshalb den Euro. Daimler-Benz-Vorstandschef Jürgen E. Schrempp sieht in ihm „eine große Chance für Europa und unser Unternehmen". Willkommen also im Euroland!

Warum sich Ecu nicht durchsetzte

Wie entstand eigentlich der Name Euro für die neue Währung? Auch das ist schon wieder vergessen oder nie richtig bekannt geworden. In den Unterlagen des Europäischen Währungsinstitutes finden sich zunächst nur knappe Unterlagen und ein Vermerk aus dem Jahre 1995 unter dem Titel „Europäischer Rat Madrid — Schlußfolgerungen des Vorsitzes": „Der Name der neuen Währung ist ein wichtiger Faktor der Vorbereitung des Übergangs zur einheitlichen Währung, da es zum Teil von ihm abhängt, wie die Wirtschafts- und Währungsunion von der Öffentlichkeit akzeptiert wird. Der Europäische Rat beschließt daher, daß ... der Name für die europäische Währung Euro lautet. Dies ist der vollständige Name und nicht ein Wortbestandteil, der dem Namen der jeweiligen Landeswährung vorangestellt wird."

Das war vorgeschlagen worden, die Namen der Währungen zu verbinden: Euromark, Eurolire ... Aber dies wurde in Madrid abgelehnt.

Ähnlich knapp die Vermerke in den Protokollen der deutschen Bundestagsausschüsse und des Bundestags. Man hatte sich darauf geeinigt, den Namen Euro vorzuschlagen. Aber wer hat den Begriff geprägt und eingeführt? Der Vorschlag, erinnert man sich dunkel, kam aus dem Bonner Bundesfinanzministerium. Und von wem dort genau? Einer muß es wissen: Theo Waigel, der als Bundesfinanzminister an allen wichtigen Sitzungen teilgenommen hat. Frage an ihn: Wer war's?

„Wir waren immer konfrontiert mit dem Kunstnamen Ecu, der schon im Vertrag steht" – im Vertrag über die Währungsunion. Ecu ist die Abkürzung für „European Currency Unit", für Europäische Währungseinheit. Das war bisher immer nur eine Rechnungsgrundlage, um die einzelnen europäischen Währungen einstufen und vergleichen zu können. Tatsächlich gab es jedoch auch eine französische Münze dieses Namens, die im Jahre 1498 unter dem französischen König Ludwig XII. geprägt wurde. Die Münze zeigte ein Wappenschild mit drei Lilien – und *écu* heißt Wappenschild. Schon war man bereit, diesen Namen zu akzeptieren. Aber für Waigel blieb Ecu – Eku heißt auch ein Bier in Kulmbach – „ein Kunstwort, das keine Akzeptanz findet". Er warb deswegen für andere Namen. „Ich wäre auch mit Taler oder Gulden einverstanden gewesen." Klar für alle, daß ein schon existierender Name – wie Mark oder Pfund – nicht von anderen Staaten übernommen werden würde. Das wäre nicht durchsetzbar gewesen. „Euro — das aber war eine Bezeichnung, die man in allen Ländern gut aussprechen konnte. Euro wird in allen Ländern verstanden."

Wann fiel der Groschen für Euro? Wie kam Waigel auf das Wort? In einer Sitzung im Ministerium, im Bundestag, bei einem Brainstorming aller Fachleute?

Waigel: „Ich habe mir immer den Kopf zerbrochen. In einem Gespräch auch mit Präsident Tietmeyer" — dem Chef der Deutschen Bundesbank — „wurde das dann geboren. Übrigens hatte Tietmeyer eine ähnliche Idee. Und die Franzosen sind uns entgegengekommen, was ich ihnen hoch anrechne, obwohl sie auf dem Begriff Ecu bestehen hätten können." Theo Waigel war es also, dem Euro einfiel. „Ja, das nehme ich für mich in Anspruch."

Wenn's gelänge, wenn das neue Geld wirklich alte Wunden schlösse, wäre es ja eine Chance nicht nur für die Wirtschaft, sondern für ganz Euroland, für das Zusammenleben von fast 290 Millionen Menschen im Euroland, für die Beziehungen untereinander. Wieder hat das Geld bemerkenswert tiefgreifende psychologische Auswirkungen. Jetzt warten wir nur noch auf Chansons, die den Euro besingen und uns alles sagen, über Zeitgefühl und Zeitgeist und warum so viele trotz aller optimistischen Prognosen so viel Angst haben vor dem, was nach der Mark kommt.

Der neue Chef im Euro-Tower

Willem Frederik Duisenberg, genannt Wim: der erste Präsident der neuen Europäischen Zentralbank in Frankfurt. Ein weißhaariger Wuschelkopf. Unbestritten sein Weltruf als Währungsfachmann — trotz französischen Widerstands. Für ihn kein Ortswechsel. Er ist bereits seit 1997 Präsident des Europäischen Währungsinstituts in Frankfurt, also Hausherr im Euro-Tower. Der Mann aus den Niederlanden — geboren 1935 im friesischen Ort Heerenvan — kennt das Geldgeschäft der Welt aus allen Perspektiven. Er begann seine Karriere beim Internationalen Währungsfonds in Washington. 1970 wurde er Professor für Makroökonomik in Amsterdam. Er ist Sozialdemokrat, war von 1973 bis 1977 Finanzminister der Niederlande. Der nächste Aufstieg in der Welt der Geldpolitik: Präsident der Niederländischen Zentralbank und der Bank für Internationalen Zahlungsausgleich. Unter seine Obhut wurde der niederländische Gulden zu einer der stabilsten Währungen Europas. Einziger Vorwurf gegen ihn: Daß er sich überreden ließ, nicht volle acht Jahre Dienst zu tun, wie es die Verträge der Europäischen Zentralbank vorschreiben. Die lange Amtszeit soll die Kontinuierlichkeit der Geldpolitik sichern. Duisenberg wird vorzeitig verzichten — zugunsten Frankreichs. Willem Frederik Duisenberg, er gilt als höchst kompetent, selbstbewußt, zielsicher, konsequent, humorvoll und ironisch.

Mini-Lexikon mit Kurzbiographien

Bennett, Jack Olen: 1914–. Geb. in Ebensburg, Pennsylvania. Studium in Amerika und in Berlin. Testpilot bei United Airlines und der US Air Force. Europa-Direktor der American Overseas Airlines. Chefpilot der Pan Am Europa. Lebt in Berlin.

Bernard, Karl George: 1890–1972. Geb. in Berlin. Karriere im Preußischen Wirtschaftsministerium. 1935 aus politischen Gründen entlassen. Vorstandsmitglied der Frankfurter Hypothekenbank. Mai 1948–1957 Vorsitzender des Zentralbankrats der Bank Deutscher Länder.

Clay, Lucius Dubigon: 1897–1978. Geb. in Marietta/Georgia. US-General. Unter Eisenhower stellvertretender Militärgouverneur, ab März 1947 Militärgouverneur der US-Besatzungszone. Organisierte von 1948 bis 1949 die Luftbrücke zur Versorgung Berlins. 1961 persönlicher Beauftragter von Präsident John F. Kennedy in Berlin im Rang eines Botschafters. Später leitende Aufgaben in der Wirtschaft.

Colm, Gerhard: 1897–1968. Geb. in Hannover. 1921 Studium in München. Privatdozent der „Kieler Schule“ des Weltwirtschafts-Instituts. 1933 nach Amerika. Führender Konjunktur- und Währungsforscher. Emigration nach Amerika.

Djilas, Milovan: 1911–1995. Geb. in Podbisce, Montenegro. Im 2. Weltkrieg Partisanenführer, enger Berater Titos, Mitglied des Politbüros, verlor 1954 alle Parteiämter und wurde aus der kommunistischen Partei ausgestoßen, mehrfach zu Gefängnis verurteilt. Regime-Kritiker, 1966 begnadigt.

Dodge, Joseph: 1890–1964. Geb. in Detroit. Begann seine Laufbahn 1909 als Bankbote. Karriere in der Industrie, Präsident der Detroit Bank. Berater von General Lucius D. Clay. Delegierter im Ministerrang bei Viermächte-Verhandlungen.

Dudek, Walter: 1890–1976. Geb. in Thüringen. Dr. jur und rer. pol. Bürgermeister in Fürstenwalde/Spree, Wohlfahrtsdezernent in Dortmund (von den Franzosen abgesetzt), bis 1933 Oberbürgermeister von Harburg-Wilhelmsburg. Von den Nazis entlassen. Von 1946 an Stadtkämmerer und Senator in Hamburg.

Erhard, Ludwig: 1897–1977. Geb. in Fürth. 1949–1963 Bundeswirtschaftsminister, von 1957 an auch Vizekanzler, 1963 bis 1966 Bundeskanzler.

Eschenburg, Theodor: 1904–. Geb. in Kiel. Studierte Geschichte und Staatsrecht. Geschäftsführer von Industrieverbänden. Nach dem Krieg stellvertretender Innenminister des Landes Württemberg-Hohenzollern. Lehrte Politikwissenschaft an der Universität Tübingen.

Hatte bis 1968 den einzigen Tübinger Lehrstuhl für Wissenschaftliche Politik. Gilt als „Wächter der Verfassung".

Frenzel, Paul: 1920–. Bankfachmann in der DDR, Professor für sozialistische Planwirtschaft. Lebt heute in Bad Hersfeld.

Fröbe, Gert: 1913–1988. Geb. in Planitz bei Zwickau. Großer Schauspieler und Pantomime. „Berliner Ballade", „Die tollkühnen Männer in ihren fliegenden Kisten", weltbekannt u. a. als James-Bond-Gegenspieler „Goldfinger". Lebte zuletzt in München.

Goerdeler, Carl: 1884–1945. Geb. in Schneidemühl. Oberbürgermeister von Leipzig 1931/32 und 1934/35, gleichzeitig auch Reichskommissar für Preisüberwachung. Nach Rücktritt Berater der Firma Bosch AG. Führend im Widerstand gegen Hitler. Hingerichtet im Februar 1945.

Goldsmith, W. Raymond: 1904–1988. Geb. in Brüssel, Studium und Promotion 1927 in Berlin. 1934 ausgewandert. Galt als Weltautorität in Währungs- und Wirtschaftsfragen.

Grotewohl, Otto: 1894–1964. Geb. in Braunschweig. 1946 –1954 neben Wilhelm Pieck SED-Vorsitzender. 1949–1963 Ministerpräsident der DDR.

Hamm-Brücher, Hildegard: 1921–. Geb. in Essen. Studium der Chemie. Promotion 1945. Jüngste Stadträtin in München. Für die FDP Mitglied des Bayerischen Landtags. Staatssekretärin im hessischen Kultusministerium, Staatssekretärin im Bundesministerium für Bildung und Wissenschaft. Staatsministerin im Außenministerium. Lebt in München.

Hielscher, Erwin: 1898–1971. Geb. in Halle. Seit 1916 im Bankgewerbe. Kam bereits 1922 nach München. November 1945 Ministerialrat im Bayerischen Finanzministerium, 1946–1964 Stadtkämmerer von München. Hochangesehener Finanzfachmann. Beim Versuch, sich wegen einer unheilbaren Krankheit zu erhängen, stürzte Hielscher und erlitt tödliche Verletzungen.

Kästner, Erich: 1899–1974. Geb. in Dresden. Schriftsteller, Dichter, Kinderbuchautor, Zeitkritiker, Poet und Pazifist. Seine Bücher wurden 1933 von den Nazis verbrannt. Arbeitete unter Pseudonym weiter. 1942 Schreibverbot. Nach 1945 Journalist, Kabarettgründer, Autor.

Kreyssig, Gerhard: 1899–1982. Geb. in Crossen a. d. Mulde. Dr. rer. pol. Banklehre. Von den Nationalsozialisten ausgebürgert. Wirtschaftsredakteur der „Süddeutschen Zeitung". Bundestagsabgeordneter der SPD von 1951 bis 1965. Ab 1958 auch Mitglied des Europäischen Parlaments.

Kuby, Erich: 1910–. Geb. in Baden-Baden. Studierte Volkswirtschaft, wurde 1947 Chefredakteur der Zeitschrift „Ruf". Später Autor bei der „Süddeutschen Zeitung" und beim „Stern". Schrieb u. a. „Das ist des Deutschen Vaterland“ und „Rosemarie, des deutschen Wunders liebstes Kind“.

Marshall, George Catlett: 1880–1959. Von 1939 an Generalstabschef, dann 1944 Oberbefehlshaber der US-Armee. Berater des Präsidenten Franklin D. Roosevelt. Nach dem Krieg Sonderbotschafter in China. In der Regierung von Präsident Harry S. Truman Außenminister von 1947 bis 1949. Verteidigungsminister von 1950 bis 1951. Der Schöpfer des Marshall-Plans erhielt 1953 den Friedens-Nobel-Preis.

Matern, Hermann: 1893–1971, erst SPD, dann KPD. 1932 preußischer Landtagsabgeordneter, 1934 verhaftet, Flucht nach Moskau. Maßgeblicher Mitarbeiter des Nationalkomitees „FREIES Deutschland“. In der DDR Vorsitzender der Zentralen Parteikontrollkommission.

Möller, Hans: 1915–1996. Geb. in Berlin. Promovierte 1938. Gründungsmitglied des wissenschaftlichen Beirats des Bundeswirtschaftsministeriums. Vertrat die Deutsche Bank in europäischen Institutionen wie Europäische Zahlungsunion. 1958–1983 Universität München. Lehrstuhl für Volkswirtschaft.

Morgenthau, Henry: 1891–1967. Freund und Vertrauter des amerikanischen Präsidenten Franklin D. Roosevelt. Zunächst Chef einer Bundesbehörde für Landwirtschaft, wurde er im Dezember 1933 zum Finanzminister (Secretary of the Treasure) ernannt. Der Morgenthau-Plan über die Zukunft Deutschlands stieß auf heftige Ablehnung auch innerhalb der US-Regierung. Morgenthau trat im April 1945 nach dem Tod Roosevelts zurück.

Müller-Armack, Alfred: 1901–1978. Nationalökonom und Kultursoziologe. 1940 ordentlicher Professor in Münster, 1950 Professor für Wirtschaftliche Staatswissenschaft in Köln. 1952 Ministerialdirektor im Bundeswirtschaftsministerium und Chef der Grundsatzabteilung, 1958–1963 Staatssekretär mit der besonderen Aufgabe der wirtschaftlichen Koordination. Maßgeblich beteiligt am Zustandekommen der römischen Verträge zur Gründung der Europäischen Gemeinschaft. Zog sich aus der Politik zurück, als erste Versuche zur Einigung Europas zu scheitern schienen.

Neumann, Franz: 1904–1974. Geb. in Berlin. Bewahrte 1946 die SPD in Berlin vor der Fusion mit der SED. Stellvertretender Bürgermeister in Reinickendorf, dann Landesvorsitzender der SPD Berlin. Ehrenbürger von Berlin.

Ohlendorf, Otto: 1907–1951. Geb. Provinz Hannover. Im Krieg zuletzt SS-Gruppenführer und General der Polizei. Stellvertretender Staatssekretär im Reichswirtschaftsministerium. Im Krieg Chef einer Einsatzgruppe im Osten. Bestritt nicht, daß unter seinem Kommando 90000 Zivilpersonen ermordet wurden. Zum Tode durch Hängen verurteilt. In Landsberg hingerichtet.

Pfleiderer, Otto: 1904–1989. Geb. in Ulm. Mitarbeiter der Reichskreditgesellschaft in Berlin. Nach dem Krieg Berater der Finanzabteilung der amerikanischen Militärregierung Baden-Württemberg. März 1948 Präsident der Landeszentralbank Baden-Württemberg. Mitglied des Direktoriums der Europäischen Zahlungsunion in Paris.

Pieck, Wilhelm: 1876–1960. Geb. in Guben/Oder. 1918 Mitbegründer der Kommunistischen Partei Deutschlands. 1946–1954 Mitvorsitzender der SED. 1949–1960 Präsident der DDR.

Semler, Johannes: 1898–1973. Sohn des nationalliberalen Reichstagsabgeordneten Dr. Johannes Semler. Jurist, Wirtschaftsfachmann. 1945 Mitbegründer der CSU in Bayern. Später Bundestagsabgeordneter. Spezialist für die Sanierung kranker Firmen.

Schmidt, Helmut: 1918–. Geb. in Hamburg. Dipl. Volkswirt. 1961–1965: Innensenator von Hamburg, 1969: Verteidigungsminister, 1972: Wirtschafts- und Finanzminister, 1974–1982: Bundeskanzler. Mitherausgeber der „Zeit".

Schoettle, Erwin: 1899–1976. Geb. in Leonberg (Württemberg). Gelernter Buchdrucker, Kunstgewerbeschule, leitende Stellungen im Druckgewerbe. Journalist. Floh vor Hitler in die Emigration. Verleger und Mitherausgeber der „Stuttgarter Nachrichten". Von 1949 bis 1972 Mitglied des Bundestages.

Tenenbaum, Edward A.: 1921–1975, Special Assistent to the Finance Advisor of the Military Governor. 1948 Mitarbeit Marshallplan. 1952 Griechenland. Sonderprogramm zur Stabilisierung der Währung. Dann Privatwirtschaft, wurde Präsident der Continental-Allied Co. (Unternehmensberatung, Entwicklungshilfe) und war in mindestens 26 Ländern tätig. Zahlreiche Regierungsaufträge auch zur Hilfe für Minderheiten in den Vereinigten Staaten.

Ulbricht, Walter: 1893–1973. Geb in Leipzig. 1946–1950 Stellvertretender Vorsitzender der SED. Dann Generalsekretär bzw. 1. Sekretär der SED, 1960–1973 Vorsitzender des Staatsrates der DDR.

Weiss, Karl Günther: 1917–. Promovierte 1944 in München „summa cum laude". Nach dem Krieg Anwalt und Generalkonsul von Südkorea in München.

Das sind die Quellen

Diese Bücher, Artikel, Reden, Typoskripte wurden mit Nutzen gelesen:

Benz, Wolfgang: „Von der Besatzungsherrschaft zur Bundesrepublik – Stationen einer Staatsgründung", Fischer Taschenbuch-Verlag, 1984.

Bickerich, Wolfram: „Die D-Mark. Eine Biographie", Rowohlt Berlin, 1998.

Buchheim, Christoph: „Die Währungsreform 1948 in Westdeutschland", Vierteljahrshefte für Zeitgeschichte, 2. Heft, April 1988.

„Chronik der Stadt München 1945–1948", bearbeitet von Wolfram Selig unter Mitwirkung von Ludwig Morenz und Helmuth Stahleder. Stadtarchiv München 1980.

Clay, Lucius: „Entscheidung in Deutschland", Verlag der Frankfurter Hefte, Frankfurt, 1950. Original-Ausgabe: „Decision in Germany", Doubleday, Garden City, New York 1950.

Clay, Lucius: „The Papers of General Lucius D. Clay", Band 2, Indiana University Press, Bloomington London, 1974 (Institut für Zeitgeschichte).

Deckers, Josef: „Die Transformation des Bankensystems in der sowjetischen Besatzungszone/DDR von 1945 bis 1952", Verlag Duncker & Humblot, Berlin, 1974.

Djilas, Milovan: „Gespräche mit Stalin", S. Fischer Verlag, 1961.

Emminger, Otmar: „D-Mark, Dollar, Währungskrisen. Erinnerungen eines ehemaligen Bundesbankpräsidenten". Deutsche Verlags-Anstalt, Stuttgart, 1986.

Erhard, Ludwig: „Kriegsfinanzierung und Schuldenkonsolidierung". Faksimiledruck der Denkschrift von 1943/44. Eine Veröffentlichung der Ludwig-Erhard-Stiftung, Verlag Ullstein, 1977.

Erhard, Ludwig: „Deutsche Wirtschaftspolitik — Der Weg der Sozialen Marktwirtschaft", Gemeinschaftsproduktion der Verlage Econ und Knapp, 1962.

Eschenburg, Theodor: „Jahre der Besatzung 1945 bis 1949" in der Reihe „Geschichte der Bundesrepublik Deutschland", Deutsche Verlags-Anstalt, Stuttgart / F. A. Brockhaus, Wiesbaden.

Frenzel, Paul: „Die rote Mark — Perestroika für die DDR", herausgegeben von Fritz Schenk, Verlag Busse und Seewald, Herford 1989.

Friedrich, Heinz (Hrsg.): „Mein Kopfgeld. Die Währungsreform — Rückblick nach vier Jahrzehnten". Deutscher Taschenbuch Verlag, 1988. Mit Beiträgen u. a. von Erich Kuby.

Fröbe, Gert: „Auf ein Neues, sagte er ... und dabei fiel ihm das Alte ein. Geschichten aus meinem Leben“, Albrecht Knaus, 1988.
Grube, Frank / Richter, Gerhard: „Das Wirtschaftswunder. Unser Weg in den Wohlstand“, Hoffmann und Campe Verlag, Hamburg, 1983.
Hentschel, Volker: „Ludwig Erhard — Ein Politikerleben“, Günter Olzog Verlag, 1996.
Hielscher, Erwin / Oechsle, Richard: „Plan G — ein Gesamtplan für die Regelung der schwebenden Währungs- und Finanzprobleme“. Herausgegeben vom Ausschuß für Wirtschafts- und Finanzpolitik der Münchener Gewerkschaften. Richard Pflaum Verlag, München, 1946.
Hielscher, Erwin: „Der Leidensweg der deutschen Währungsreform“, Richard Pflaum-Verlag, München, 1948.
Hielscher, Erwin: „Das Jahrhundert der Inflationen in Deutschland“, Günter Olzog Verlag, München–Wien, 1968.
Hohmann, Karl (Hrsg.): „Ludwig Erhard Erbe und Auftrag“. Eine Veröffentlichung der Ludwig-Erhard-Stiftung, Econ Verlag, 1977.
v. Kardorff, Ursula: „Berliner Aufzeichnungen 1942 bis 1945“. Verlag C. H. Beck, München, 1992.
Möller, Hans: „Die westdeutsche Währungsreform von 1948“. Sonderdruck aus Währung und Wirtschaft in Deutschland. Deutsche Bundesbank. Frankfurt am Main. Und Rede Hans Möllers zur Eröffnung der Ausstellung „Die Stunde Null der Deutschen Mark“, München 1978.
Morgenthau Jr., Henry: „Germany Is Our Problem — A Plan For Germany“, Harper & Brothers, New York and London, 1945.
Pfleiderer, Otto: „Erinnerungen an das Konklave von Rothwesten“, Typoskript, Deutsche Bundesbank. Und ZDF-Interview für die Sendung „Damals“ am 12. Juni 1988.
Roeper, Hans: „Geschichte der D-Mark“, S. Fischer Verlag, 1968.
Schickling, Willi: „Entscheidung in Frankfurt. Ludwig Erhards Durchbruch zur Freiheit“, herausgegeben von der Ludwig-Erhard-Stiftung e. V. im Seewald Verlag, Stuttgart, 1978.
Schmidt, Helmut: „Menschen und Mächte“, Siedler-Verlag, Berlin, 1987 (Anmerkungen über die Währungsreform und Tenenbaum: Seite 162).
Weiss, Karl Günther: „Wahrheit und Wirklichkeit — Der Weg aus den Weltkriegen in die Soziale Marktwirtschaft und eine künftige Weltordnung“, Verlag Ermer GmbH & Co. KG, Homburg-Saarpfalz, 1996.
Wolf, Michael W.: „Die Währungsreform in Berlin 1948/ 1949“. Band 77 der „Veröffentlichungen der Historischen Kommission zu Berlin“, Verlag Walter de Gruyter, Berlin–New York, 1991.

Wulffius, Georg: „Erinnerungen an die Währungsreform. Als jeder nur vierzig Mark in der Tasche hatte", aus: Stadtanzeiger West der „Süddeutschen Zeitung" vom 16. 6. 1988.

Zeitungen und Zeitschriften, die für diese Arbeit eingesehen wurden (Jahrgänge 1947/48):

„Abendzeitung", „Berliner Zeitung", „Frankfurter Rundschau", „Neues Deutschland", „Neue Zeitung", „Süddeutsche Zeitung" mit „Stadtanzeiger", „Tageszeitung", „Spiegel", „Der Simpl", „Deutscher Hausschatz" u. a.

Folgende Archive stellten Material zur Verfügung:

Harry S. Truman Library, National Archives and Records Service, Independence, Missouri: Ca. 400 Manuskriptseiten aus der Hinterlassenschaft von Edward Tenenbaum. Offenbar Entwurf für ein Buch. Außerdem Protokolle einer Sitzung der „Sonderstelle Geld" und der Sitzung des Frankfurter Wirtschaftsrates von Juni 1948.

Institut für Zeitgeschichte München: Wichtig für zeitgeschichtliche Studien der Jahre 1947/48: „Monthly Report of the Military Governor. Office of Military Government for Germany (U. S.)". Auf Mikrofilm Tenenbaums Memorandum an General Clay: „Berlin and Bizonal Financial Reform" von 1947.

Bundesarchiv Berlin-Lichterfelde: Material aus SED-Archiven. Nachlaß Pieck, Grotewohl, Ulbricht.

Ludwig-Erhard-Stiftung Bonn: Half mit Rat, kontrollierte Daten, stellte Redemanuskripte zur Verfügung.

Deutsche Bundesbank, Archiv: Fotokopien von Erinnerungen, Reden, Statistiken.

U. S. Information Service, Informations und Recherchedienst, Amerikanisches Generalkonsulat München: Beschaffte Lebensdaten amerikanischer Finanzfachleute.

Euro im Internet:

http://www.ecb.int.